EL LIBRO ÚLTIMO PARA HACER PIES Y TARTAS EN CASA

100 RECETAS DELICIOSAS Y AGUA EN LA BOCA

Vicente Delgado

Reservados todos los derechos.
Descargo de responsabilidad

La información contenida en este libro electrónico está destinada a servir como una colección completa de estrategias sobre las que el autor de este libro electrónico ha investigado. Los resúmenes, estrategias, consejos y trucos solo son recomendados por el autor, y leer este libro electrónico no garantiza que los resultados reflejen exactamente los resultados del autor. El autor del libro electrónico ha hecho todos los esfuerzos razonables para proporcionar información actual y precisa a los lectores del libro electrónico. El autor y sus asociados no serán responsables de ningún error u omisión involuntaria que pueda encontrarse. El material del libro electrónico puede incluir información de terceros. Los materiales de terceros comprenden opiniones expresadas por sus propietarios. Como tal, el autor del libro electrónico no asume responsabilidad por ningún material u opiniones de terceros.

El libro electrónico tiene copyright © 2022 con todos los derechos reservados. Es ilegal redistribuir, copiar o crear trabajos derivados de este libro electrónico, total o parcialmente. Ninguna parte de este informe puede reproducirse o retransmitirse de ninguna forma sin el permiso escrito, expreso y firmado del autor.

TABLA DE CONTENIDO

TABLA DE CONTENIDO 3
INTRODUCCIÓN 6
  1. Tarta de gambas marinadas, cebolla y tomate 7
  2. Tarta de piñones 10
  3. Tartas de almendras y albaricoque 12
  4. Tarta de ciruelas alsaciana 15
  5. Tarta de manzana 18
  6. Tarta tatin de manzana y pasas 21
  7. Tarta de manzana y canela 23
  8. Tarta al revés de manzana y arándanos 25
  9. Tarta de manzana y frambuesa 27
  10. Tarta de suero de leche y arándanos 30
  11. Tarta de frutas mixtas 33
  12. Tartas de frutas navideñas 36
  13. Tarta de frutas arcoíris 39
  14. Tarta de frutas con crema de vainilla 42
  15. Tarta de frutas parisina 44
  16. Tarta Premier de frutas blancas 47
  17. Tarta de patatas alpina 50
  18. Tarta de alcachofas 52
  20. Tartas de verduras asadas 57
  21. Tarta brioche de verduras asadas y queso de cabra 60
  22. Tarta de verduras salada 63
  23. Tarta de natillas de verduras 66
  24. Tartas de cóctel de camarones 69
  25. Tarta de almendras 71
  26. Tarta de chocolate mexicana con nueces especiadas 74
  27. Tarta De Frangipane Con Frutas De Temporada 77
  28. Masa de pastel hojaldrada 80
  29. Tarta de queso de cabra y espinacas 83
  30. Tarta dorada de piña y queso 85
  31. Tarta de uvas y grosellas con queso fontina 88
  32. Tarta de queso de guayaba 91
  33. Tartas de queso con hierbas 94
  34. Tarta de queso mediterráneo 97
  35. La cáscara de tarta dulce que no se encoge 100
  36. Cáscaras de tarta de queso 103
  37. Cáscara de tarta con masa de harina de maíz 105
  38. Bases de tarta de forma libre 107
  39. Corteza de chocolate 110

40. Corteza de Graham 112
8. Mini tartaletas 114
41. Corteza de tarta dulce francesa 117
42. Cáscaras de tarta de queso crema 120
43. Cáscaras De Tartaletas De Nueces 122
44. Conchas de tarta filo 125
45. Corteza de tarta de mantequilla 127
46. Corteza de tarta sin huevo 130
47. Corteza de tarta de trigo integral 133
48. Tarta de trufa con salsa espresso 135
49. Tarta de chocolate amargo con corteza de jengibre 138
50. Tarta de brownie de chocolate 141
51. Tartas de mantequilla de chocolate 144
52. Mini tartas de chocolate y coco 146
53. Tarta de chocolate y avellanas 148
54. Tarta de chocolate y nueces con mascarpone 151
55. Tartas en miniatura de chocolate 155
56. Tarta de trufa de chocolate con frambuesas 157
57. Tarta linzer de arándanos y chocolate blanco 160
58. Tarta de crema de chocolate doble 164
59. Tarta de chocolate dulce 167
60. Tarta de fruta fresca y chocolate 170
61. Tarta de chocolate picante 173
62. Tarta de mousse de chocolate blanco y fresas 176
63. Tartas konungens de postre de chocolate sueco 179
64. Tarta de crema de plátano y chocolate blanco 182
65. Malvada tarta de chocolate amargo 185
66. Tartas de mariscos de Alaska 188
67. Tarta de cigalas y queso picante 191
68. Tarta de vieiras y queso azul 193
69. Tarta cremosa de salmón ahumado y eneldo 195
70. tartas de salmón noruego 198
71. Pequeñas tartas de salmón ahumado 201
72. Tartas festivas de camarones 203
73. Tarta Bakewell 205
74. Tarta de celosía de manzana y nueces 208
75. Tarta de albaricoque y nueces de macadamia 211
76. Tarta de nueces y crema de moras 214
77. Tarta de zanahoria y nueces 218
78. Tarta de caramelo y nueces 220
79. Tartas de frutos secos 224
80. Tarta de naranja y nuez de Brasil 226
81. Tarta de queso alsaciano 229

82. Tartas de queso y amaretto 232
83. Tarta de queso belga 234
84. Tarta de pimientos y queso 236
85. Tarta de queso para el desayuno 239
86. Tarta cremosa de ajo y queso 242
87. Tarta de queso curry y chutney 244
88. Tarta de queso francés 246
89. Tartas de queso y limón 249
90. Tarta de papaya y queso crema con nueces de macadamia 251
91. Tarta de ricotta y espinacas 254
92. Tarta de queso del suroeste 257
93. Tarta de champiñones exótica 259
94. Tartas de champiñones hojaldradas 262
95. Tarta de berenjenas y champiñones a la plancha 264
96. Tartas filo de champiñones 267
97. Tarta de champiñones ahumados 270
98. Tarta triple de champiñones 273
99. Tarta de setas y queso de cabra 275
100. Tarta de setas silvestres y queso pecorino 278

CONCLUSIÓN 280

INTRODUCCIÓN

Por lo general, las tartas son productos horneados que constan de una base de hojaldre y se rellenan con algo dulce o salado. La mayoría de las tartas hoy en día son dulces, como las tartas de merengue de limón y las tartas de huevo portuguesas. Sin embargo, algunos tipos de tartas saladas como la quiche también se encuentran habitualmente en panaderías y cafeterías.

Una tarta generalmente se hace haciendo cada componente por separado y luego ensamblando. El primer paso suele ser crear la corteza. Luego, esta corteza se rellena con el relleno que usted elija, y algunos rellenos se hornean junto con la corteza o simplemente se dejan enfriar.

1. Tarta de gambas marinadas, cebolla y tomate

Rinde: 1 porciones

Ingrediente
- 18 camarones grandes
- 10 dientes de ajo machacados
- 1 pizca de azafrán
- 1 taza de aceite de oliva
- 6 cebollas
- 1 lata de tomates pelados; (8 onzas)
- 2 anchoas
- $\frac{1}{4}$ de taza de aceitunas Kalamata
- 4 ramitas de tomillo
- 1 Hoja de hojaldre
- 2 cabezas frisee
- 6 manojos de maché

Direcciones
a) Un día antes de preparar este platillo, marina los camarones en una mezcla de 4 dientes de ajo machacados, pimienta negra, $\frac{1}{2}$ taza de aceite de oliva y 1 pizca de azafrán. Refrigere durante la noche.
b) Para preparar la mermelada, pela las cebollas, córtalas por la mitad y córtalas en rodajas finas.
c) En una cacerola a fuego lento con 2 cucharadas de aceite, cocina la cebolla hasta que esté transparente.
d) Escurrir los tomates, quitarles las semillas, picarlos en trozos grandes y añadirlos a las cebollas.
e) Agregue las anchoas picadas, las aceitunas picadas y el tomillo, cocine durante 3 horas a fuego muy lento, revolviendo con frecuencia.
f) Mientras tanto, corte 6 rondas de hojaldre de aproximadamente $3\frac{1}{2}$ pulgadas de diámetro.

g) Colóquelo en una bandeja para hornear, cubra con una segunda bandeja y hornee en el horno durante 6 minutos a 350 grados.
h) Prepara el frisee cortando el verde de la lechuga, usa solo la parte blanca. Picar el frisee y lavar bien, reservar.
i) En una sartén grande a fuego medio-alto, caliente $\frac{1}{4}$ de taza de aceituna hasta que esté caliente y cocine los camarones hasta que estén rosados y rizados.
j) Coloca la mermelada de tomate encima de cada ronda de tarta y caliéntala en el horno durante 5 minutos. Sazona el frisee con un poco de aceite de oliva, sal y pimienta. Sacar la tarta del horno y colocar en un plato, aderezar un poco de frisee encima de la tarta y cubrir con gambas. Adorne con las hojas de lechuga maché.
k) Rocíe la tarta con aceite de oliva y sirva.

2. Tarta de piñones

Rinde: 4 porciones

Ingrediente
- 1 lámina de hojaldre
- 2 tazas de piñones
- 2 cucharadas de miel
- 1 taza de azúcar
- 3 huevos
- 3 cucharadas de aceite de oliva virgen extra
- Ralladura de 1 limón
- 2 cucharadas de licor de nueces

Direcciones

a) Precalienta el horno a 425 grados. Coloque la masa firmemente dentro de la cáscara, doblando los bordes con masa extra para ayudar a mantener los bordes. Cubra la masa con papel pergamino, rellénela con frijoles blancos secos y colóquela en el horno.

b) Cocine de 8 a 10 minutos, retire el pergamino y los frijoles y cocine hasta que estén secos y ligeramente dorados, aproximadamente de 8 a 10 minutos más. Remover y dejar enfriar.

c) En un tazón grande, mezcle los piñones, la miel, el azúcar, los huevos, el aceite de oliva, la ralladura de limón y el licor hasta que quede suave. Vierta sobre la base de hojaldre enfriada y hornee durante 20 minutos, o hasta que esté bastante firme y ligeramente dorado por encima.

d) Dejar enfriar a temperatura ambiente y servir.

3. Tartas de almendras y albaricoque

Rinde: 18 porciones

Ingrediente
- ½ taza de mantequilla
- 3 onzas de queso crema
- ⅓ taza de mantequilla
- ½ taza de azúcar
- 1 cada huevo
- ½ cucharadita de paquete de vainilla), ablandada
- 1 taza de harina para todo uso
- ⅔ taza de almendras blanqueadas, tostadas y molidas en trozos grandes
- ⅓ taza de conservas de albaricoque
- rebanadas de almendras (opcional)

Direcciones

a) MASA: Batir con batidora eléctrica ½ taza de mantequilla y el queso crema durante 30 segundos. Agrega la harina. Cubra y enfríe durante 1 hora o hasta que la masa sea fácil de manipular.

b) RELLENO: Batir ⅓ taza de mantequilla con batidora eléctrica durante 30 segundos. Incorpora el azúcar, luego el huevo y la vainilla.

c) Agrega las almendras molidas. Presione 1 cucharada de masa uniformemente en el fondo y los lados de cada uno de los dieciocho moldes para tartas de 2 a 2 ½ pulgadas.

d) Vierta 1 cucharadita de relleno de almendras en cada tarta.

e) Hornee en una bandeja para hornear durante 20 a 25 minutos en un horno a 350F. Enfriar las tartas en los moldes durante unos 10 minutos. Mientras tanto, calienta y revuelve las conservas de albaricoque a fuego lento hasta que se derrita.

f) Retire las tartas de los moldes y colóquelas sobre rejillas. Mientras las tartas aún estén calientes, unte el relleno con las conservas derretidas.

g) Adorne con almendras rebanadas, si lo desea. Fresco. Rinde 18 tartas.

4. Tarta de ciruela alsaciana

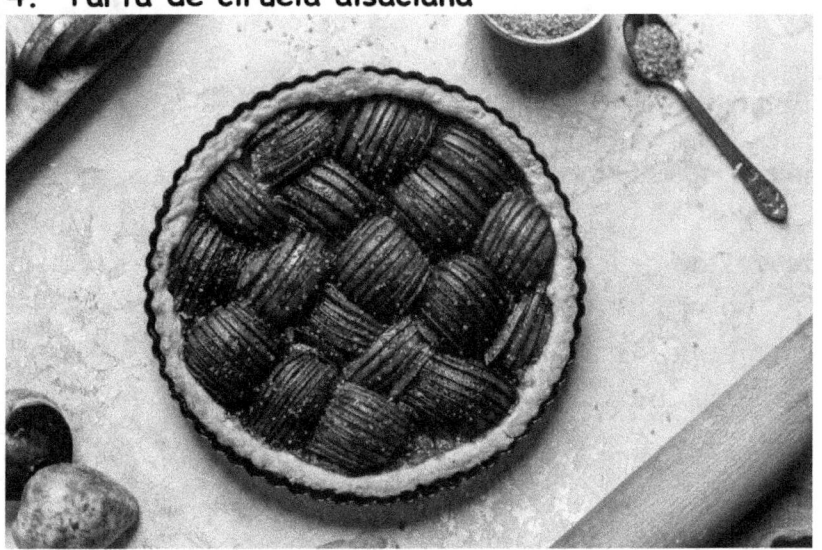

Rendimiento: 6 a 8

Ingrediente
- Manteca
- 7 ciruelas rojas grandes, sin hueso, cada una cortada en 8 gajos
- 4 cucharadas de azúcar
- 1 Paté De Masa Sucre
- ½ cucharadita de canela molida
- 1 clara de huevo batida para mezclar
- Helado de vainilla

Direcciones

a) Precalienta el horno a 400F. Cubra una bandeja para hornear con papel de aluminio; papel de mantequilla.
b) Coloque las ciruelas en la bandeja preparada, espaciadas uniformemente. Espolvorea con 2 cucharadas de azúcar. Hornee hasta que las ciruelas estén tiernas pero aún mantengan su forma, aproximadamente 30 minutos. Enfríe las ciruelas en una sábana.
c) Extienda la masa sobre una superficie enharinada hasta obtener un círculo de 12 pulgadas de diámetro.
d) Transfiera la masa al centro de otra bandeja para hornear grande y pesada. Superponga las ciruelas en círculos concéntricos sobre la masa, formando un círculo de 9 pulgadas de diámetro en el centro.
e) Combine las 2 cucharadas restantes de azúcar y canela en un tazón pequeño. Espolvorea la mezcla de azúcar sobre las ciruelas. Doble el borde de la masa sobre las ciruelas, pellizcando para sellar cualquier grieta en la masa. Unte la base dos veces con clara de huevo.
f) Hornee la tarta hasta que la masa esté dorada, aproximadamente 25 minutos. Pase con cuidado un cuchillo fino y afilado por debajo de los bordes de la tarta para despegarla de la hoja. Deje enfriar de 15 a 30 minutos. Sirva la tarta ligeramente tibia con helado.

5. tarta de manzana

Rinde: 4 porciones

Ingrediente

Masa de hojaldre dulce:
- 1 taza de harina
- 3 cucharadas de azúcar
- ¼ cucharadita de polvo para hornear
- pizca de sal
- 4 cucharadas de mantequilla sin sal
- 1 huevo grande

Relleno de manzana:
- 3 manzanas doradas y deliciosas
- 2 cucharadas de azúcar
- ¼ cucharadita de canela

Natillas de Kirsch:
- ⅔ taza de crema espesa
- 3 cucharadas de azúcar
- 1 cucharada de Kirsch
- 3 yemas de huevo

Direcciones

a) Para la masa, combine los ingredientes secos en un procesador de alimentos y presione para mezclar. Agregue la mantequilla y presione. Agregue el huevo y continúe presionando hasta que la masa forme una bola. Enrolle la masa hasta formar un disco de 14 pulgadas y forre un molde para tarta de 10 pulgadas. Enfríe la masa durante varias horas o toda la noche.

b) Pele, descorazone, corte por la mitad y corte las manzanas en rodajas de $\frac{1}{8}$ de pulgada de grosor; colocar sobre la masa, superponiendo. Espolvorea con azúcar y canela. Para las natillas, combine todos los ingredientes; batir a mano hasta que quede suave y bien mezclado; colar y reservar.

c) Hornee a 350 grados durante unos 35 minutos o hasta que las manzanas y la corteza estén bien cocidas. Retire la tarta del horno; vierta sobre la crema pastelera, teniendo cuidado de que no se desborde. Regrese la tarta al horno durante 5 a 10 minutos o hasta que la crema esté firme, pero no coloreada ni inflada.

6. Tarta tatin de manzana y pasas

Rinde: 6 porciones

Ingrediente
- 2 cucharadas de mantequilla
- 3 cucharadas de ron
- 1 taza de pasas y grosellas mixtas
- 2 libras de manzanas medianas
- $\frac{1}{2}$ paquete (17 oz) de hojaldre congelado
- $\frac{1}{4}$ de taza Más 2 cucharadas de azúcar blanca
- Horno: 400F

Direcciones
a) Pelar, descorazonar y cortar las manzanas en octavos. Llene un tazón, lo suficientemente grande como para colocar una sartén de hierro fundido de 9 ", con cubitos de hielo y luego rellénelo con agua. Derrita la mantequilla en una sartén de hierro fundido de 9" a fuego medio. Añade azucar.
b) REVOLVER CONTINUAMENTE hasta que esté dorado y SÓLO caramelizado. Coloque la sartén en agua con hielo para que se endurezca y luego sobre una rejilla para enfriar. Poner el horno. Coloque las pasas y las grosellas en un tazón pequeño. Agrega el ron y cubre con agua caliente. Escurrir después de unos 5 minutos.
c) Espolvorea un tercio de pasas y grosellas sobre el caramelo. Coloque las rodajas de manzana, con el lado redondeado hacia abajo y lo más juntas posible, en un patrón circular. Espolvoree con las pasas y grosellas restantes.
d) Corte la masa 2 pulgadas más grande que la sartén. Coloque la masa encima y meta los lados y debajo del borde de la fila exterior de manzanas. Hornee durante 30 minutos y luego colóquelo en un plato decorativo mientras aún esté caliente.
e) Servir aún caliente con nata recién montada.

7. Tarta de manzana y canela

Rinde: 10 porciones

Ingrediente
- $1\frac{1}{2}$ taza de copos de avena
- 1 cucharada de canela
- $\frac{1}{2}$ cucharadita de canela
- $\frac{3}{4}$ taza de jugo de manzana
- 2 manzanas grandes, peladas/en rodajas
- 1 cucharadita de jugo de limón
- $\frac{1}{3}$ taza de agua fría
- 1 paquete de gelatina sin sabor
- 2 tazas de yogur sin grasa
- $\frac{1}{4}$ taza de miel
- $\frac{1}{2}$ cucharadita de extracto de almendras

Direcciones

a) Precaliente el horno a 350. Prepare un molde para pastel con aceite en aerosol. En un tazón pequeño, combine la avena y 1 cucharada de canela.

b) Mezcle con $\frac{1}{4}$ de taza de jugo de manzana. Presione sobre el fondo del molde para pastel. Hornee por 5 minutos o hasta que cuaje. Fresco. En un tazón, mezcle las rodajas de manzana con el jugo de limón; colóquelo sobre la base enfriada en un molde y reserve.

c) En una cacerola pequeña, combine el agua y la $\frac{1}{2}$ taza restante de jugo de manzana. Espolvorea gelatina sobre la mezcla de agua; déjelo reposar 3 minutos para que se ablande.

d) Cocine y revuelva a fuego medio hasta que la gelatina se disuelva por completo; Retírelo del calor. Agrega el yogur, la miel, la $\frac{1}{2}$ cucharadita restante de canela y el extracto de almendras; mezclar bien.

e) Vierta sobre las manzanas en la base. Enfríe varias horas o toda la noche.

8. Tarta al revés de manzana y arándanos

Rendimiento: 1

Ingrediente
- ⅔ taza de azúcar
- 3 cucharadas de agua
- 6 manzanas agrias, peladas, sin corazón y en rodajas finas
- 1 taza de arándanos
- 3 cucharadas de azúcar
- 1 cucharada de mantequilla
- 1 base de pastel sin hornear

Direcciones
a) Cocine a fuego lento ⅔ taza de azúcar y 3 cucharadas de agua en una cacerola pequeña tapada durante 5 minutos. Destapar y hervir hasta obtener un caramelo dorado y espeso.
b) Retirar inmediatamente del fuego para que no se queme el caramelo. Vierta en un molde para pastel de vidrio o metal de 10 pulgadas. Agite para cubrir el fondo.
c) Superponga un tercio de las rodajas de manzana sobre el caramelo.
d) Cubra con un tercio de los arándanos y espolvoree con 1 cucharada de azúcar. Repita dos veces con la fruta restante y el azúcar. Unte con mantequilla.
e) Coloque la masa sin apretar sobre la fruta. Hornee a 400 por 30 minutos. Retirar a la rejilla y dejar enfriar durante 5 minutos. Incline el molde para pastel sobre un tazón pequeño y escurra el jugo acumulado. Invierta el plato para servir sobre el pastel. Voltear ambos juntos.
f) Levante el molde para pastel. Sirva la tarta tibia con helado de vainilla.

9. Tarta de manzana y frambuesa

Rinde: 8 porciones

Ingrediente
- 1 taza de harina para todo uso
- ½ cucharadita de sal
- ⅓ taza de manteca vegetal
- 2 cucharadas de agua fría; hasta 3
- 1 huevo; apartado
- 23 onzas de salsa de manzana con trozos
- 1 taza de frambuesas frescas O 10 oz. paquete. congelado; descongelado, escurrido
- 2 cucharadas de azúcar
- ½ cucharadita de canela
- ¾ taza de harina para todo uso
- ½ taza de azúcar moreno bien compactado
- ½ cucharadita de canela
- ⅓ taza de margarina o mantequilla; suavizado

Direcciones

a) Calienta el horno a 400F.
b) En un tazón mediano, combine la harina y la sal. Con una batidora de repostería o 2 cuchillos, corte la manteca en la mezcla de harina hasta que las partículas tengan el tamaño de guisantes pequeños.
c) Agregue gradualmente agua, revolviendo con un tenedor hasta que la mezcla se humedezca.
d) Reúna la masa en una bola. Aplanar la bola. Extiéndalo sobre una superficie ligeramente enharinada desde el centro hasta el borde formando un círculo de 1½ pulgadas más grande que el molde para tarta invertido de 9 pulgadas.
e) Dobla la masa por la mitad; colocar en la sartén. Desplegar; presione hacia abajo y hacia arriba por los lados del molde. Recorta los bordes si es necesario.

f) Hornee a 400F durante 5 minutos. Retirar del horno; reduzca la temperatura del horno a 375F. En un tazón pequeño, bata la clara de huevo. Cepille toda la superficie de la corteza parcialmente horneada. Reserva la yema para el relleno.
g) En un tazón mediano, combine la salsa de manzana, las frambuesas, el azúcar, $\frac{1}{2}$ cucharadita de canela y la yema de huevo. Vierta en un molde forrado con masa.
h) En un tazón mediano, combine todos los ingredientes de la cobertura; espolvorear sobre la mezcla de frutas. Hornee a 375F durante 40 a 50 minutos o hasta que la cobertura esté dorada.
i) Fresco; retire los lados del molde. Servir con crema batida.

10. Tarta de suero de leche y arándanos

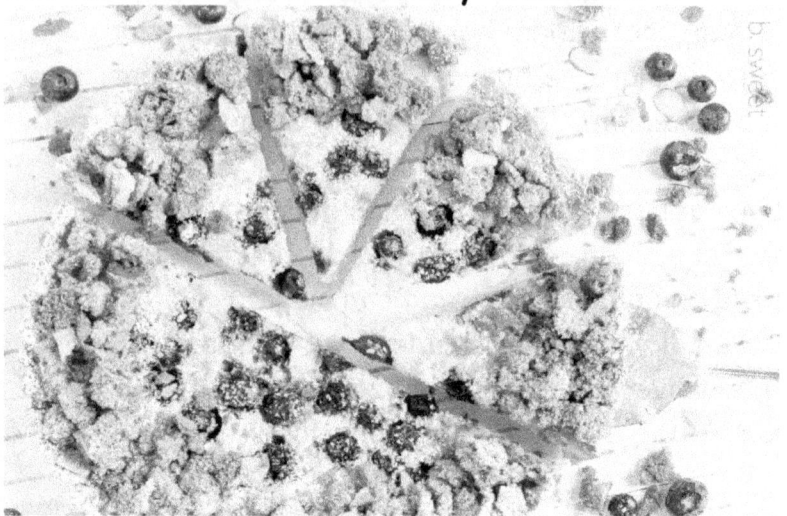

Rinde: 1 porciones

Ingrediente
Caparazón
- 1½ taza de harina para todo uso
- ¼ de taza) de azúcar
- ¼ cucharadita de sal
- ¼ de libra de mantequilla fría; cortar pedazos
- 1 huevo grande; vencer con
- 2 cucharadas de agua helada
- Arroz crudo; para pesar conchas

Relleno de suero de leche
- 1 taza de suero de leche
- 3 yemas de huevo grandes
- ½ taza de azúcar
- 1 cucharada de ralladura de limón; rallar
- 1 cucharada de jugo de limón fresco
- ½ barra de mantequilla sin sal; derretir, enfriar
- 1 cucharadita de vainilla
- ½ cucharadita de sal
- 2 cucharadas de harina para todo uso
- 2 tazas de arándanos; recoger mas
- Azúcar glas

Direcciones

a) CÁSCARA-En un tazón, mezcle la harina, el azúcar y la sal. Agregue la mantequilla y mezcle hasta que la mezcla parezca una harina gruesa. Agregue la mezcla de yemas, revolviendo hasta que se incorpore el líquido y forme un disco con la masa. Espolvoree la masa con harina y enfríe, envuelta en film transparente, durante 1 hora. Extienda la masa de ⅛" de espesor sobre una superficie enharinada y colóquela en un molde para tarta de 10" con borde estriado removible.

b) Enfríe la cáscara durante al menos 30 minutos o, tapada, durante la noche. Precalienta el horno a 350~. Cubra la cáscara con papel de aluminio y rellénela con arroz. Hornee la cáscara a mitad del horno durante 25 minutos. Retire el papel de aluminio y el arroz con cuidado y hornee la cáscara 5 minutos más o hasta que esté dorado pálido. Enfríe la cáscara en un molde sobre una rejilla.

c) RELLENO: En una licuadora o procesador, mezcle los ingredientes del relleno hasta que quede suave. Distribuya los arándanos de manera uniforme en el fondo de la cáscara. Vierta el relleno de suero de leche sobre los arándanos y hornee a mitad del horno de 30 a 35 minutos o hasta que esté listo.

d) Retire el borde del molde y enfríe la tarta completamente en el molde sobre una rejilla. Tamice el azúcar glass sobre la tarta y sírvala a temperatura ambiente o fría con helado de arándanos. Fuente: Fines de semana gourmet de Conde Nast.

11. Tarta de frutas mixtas

Rinde: 8 porciones

Ingrediente
- ¼ taza de pasas
- ½ taza de agua hirviendo
- 8 rebanadas de pan blanco
- 1½ taza de leche baja en grasa al 1%, cantidad dividida
- 1 taza de pera pelada y picada
- 2 cucharadas de harina
- ¼ de taza + 2 cdas. azucar, en partes
- 2 cucharadas de harina de maíz
- 1 cucharadita de ralladura de limón
- 3 huevos, ligeramente batidos
- ½ taza de uvas rojas sin semillas, cortadas a la mitad
- 2 cucharaditas de romero fresco picado
- 2 cucharaditas de aceite de oliva

Direcciones

a) Combine las pasas y el agua hirviendo; dejar reposar 15 minutos. Escurrir y reservar.
b) Quite la corteza del pan. Corta cada rebanada en 4 triángulos; colóquelo en una sola capa en una fuente para hornear de 13 x 9 x 3. Vierte ½ taza de leche sobre el pan y deja reposar por 5 minutos.
c) Con cuidado (el pan estará empapado), coloque los triángulos de pan en el fondo de un molde para quiche de 10" cubierto con aceite en aerosol. Cubra con la manzana y la pera.
d) Coloque la harina en un tazón mediano, agregue gradualmente la leche restante revolviendo con un batidor de varillas hasta que se mezcle. Agrega ¼ de taza más 1 cucharada de azúcar, harina de maíz, ralladura de limón y huevos; revuelva bien. Vierta la mezcla de leche sobre la manzana y la pera; cubra con pasas y uvas y espolvoree con romero. Rocíe aceite sobre la mezcla; espolvorear con el azúcar restante.
e) Hornee a 350F durante 50 minutos o hasta que cuaje; dejar enfriar sobre una rejilla. Cortar en gajos.

12. Tartas de frutas navideñas

Rinde: 10 porciones

Ingrediente

- 3 tazas de yogur natural sin grasa
- Spray para cocinar
- 1¾ taza de avena regular, cruda
- ¼ taza de azúcar moreno bien compactado
- 2 cucharadas de harina para todo uso
- ½ taza de fruta para untar de frambuesa
- 6 cucharadas de margarina, derretida
- 12 onzas de queso crema bajo en grasa, ablandado
- 6 cucharadas de azúcar
- 1½ cucharada de ralladura de limón
- 1½ cucharada de jugo de limón
- 2 tazas de frambuesas congeladas, descongeladas y escurridas

Direcciones

a) Coloque el yogur en un colador forrado con un filtro de café; colóquelo sobre un tazón grande y cúbralo con una envoltura de plástico. Refrigerar y escurrir 12 horas.

b) Precalienta el horno a 350'F.; rocíe diez moldes para tartaletas de $4\frac{1}{2}$" con PAM. En un tazón del procesador de alimentos, procese la avena, el azúcar moreno y la harina hasta que estén finamente molidos.

c) Agrega la margarina; procese hasta que se combinen. Coloque 3 cucharadas de la mezcla de avena en cada molde para tartaletas; presione uniformemente en el fondo y $\frac{1}{2}$" hacia arriba. Coloque los moldes para tartaletas en una bandeja para rollos de gelatina; hornee durante 15 a 17 minutos o hasta que estén dorados. Deje enfriar completamente sobre rejillas de alambre.

d) En un tazón mediano, bata el queso crema hasta que quede suave. Agregue el yogur escurrido, el azúcar, la ralladura de limón y el jugo. Vierta uniformemente sobre las bases preparadas. Cubra con 2 cucharadas de salsa de frutas, cubra y enfríe durante al menos 3 horas.

e) SALSA DE FRUTAS: En una cacerola mediana, revuelva Todas las frutas a fuego lento hasta que quede suave; agregue la fruta.

13. Tarta de frutas arcoiris

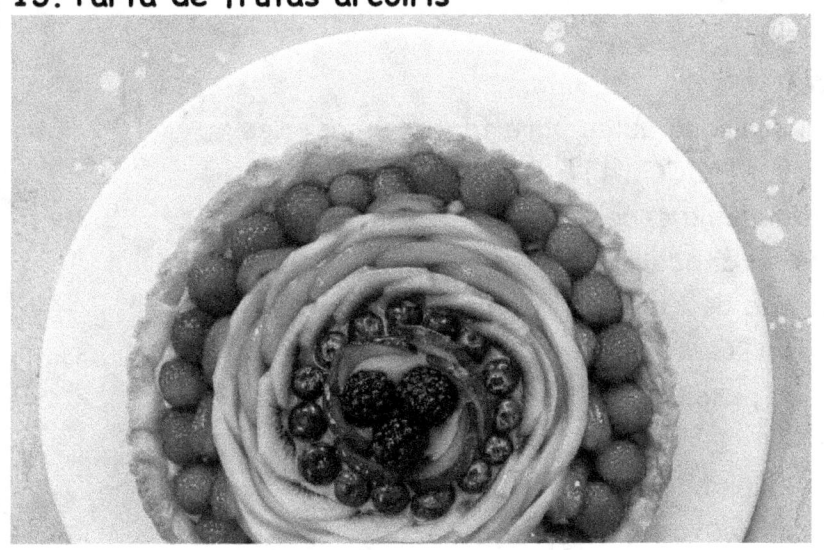

Rinde: 8 porciones

Ingrediente
- ½ ración de masa dulce para tartas y pasteles

RELLENO DE CHOCOLATE BLANCO
- ⅔ taza de crema espesa
- 10 onzas de chocolate blanco
- 1 cucharada de Kirsch o ron blanco

REFINAMIENTO
- 1 litro de fresas
- 2 kiwis
- ½ litro de frambuesas
- Almendras tostadas o picadas
- pistachos
- Azúcar glas

Direcciones
a) Para la base de tarta, precalienta el horno a 350 grados y coloca una rejilla en el nivel medio. Unte con mantequilla el molde para tarta. Sobre una superficie enharinada, enrolle la masa y forre con ella un molde para tarta de 9 pulgadas. Perfora toda la masa con las púas de un tenedor y cúbrela con un trozo de pergamino o papel encerado.

b) Rellénelo con frijoles secos. Hornee la base de la tarta durante unos 20 a 30 minutos, hasta que esté seca y adquiera un color dorado intenso. Enfriar la base de la tarta sobre una rejilla. Para el relleno de chocolate, hierve la crema en una cacerola mediana a fuego lento.

c) Retirar del fuego y agregar el chocolate de una vez. Agita el molde para que sumerja todo el chocolate y deja reposar 3 minutos para que se derrita el chocolate. Agregue el licor y bata hasta que quede suave. Vierta el relleno en un tazón y refrigérelo hasta que espese, pero no se endurezca, aproximadamente 20 minutos, revolviendo ocasionalmente mientras se enfría.

d) Batir ligeramente el relleno para que quede lo suficientemente suave como para untarlo. (Si se ha endurecido, coloque el tazón en un tazón grande lleno con una pulgada de agua caliente y bata hasta que quede suave). Extienda el relleno uniformemente en la base de la tarta enfriada.

e) Coloca las frutas en filas concéntricas sobre el relleno de chocolate, presionándolas ligeramente. Para desmoldar la tarta, coloque el molde para tarta sobre una lata o recipiente grande y deje que el lado del molde se caiga. Deslice la tarta desde el fondo del molde a un plato grande de fondo plano.

f) Inmediatamente antes de servir, bordear la tarta con las almendras o los pistachos y espolvorear con el azúcar glas.

14. Tarta de frutas con crema de vainilla

Rinde: 12 porciones

Ingrediente
- ¾ taza de mantequilla o margarina - ablandada
- ½ taza de azúcar glas
- 1½ taza de harina para todo uso
- Paquete de 10 onzas de chispas de vainilla, derretidas y enfriadas
- ¼ taza de crema para batir
- 8 onzas de paquete de queso crema, ablandado
- 1 litro de fresas frescas, en rodajas
- 1 taza de arándanos frescos
- 1 taza de frambuesas frescas
- ½ taza de jugo de piña
- ¼ de taza) de azúcar
- 1 cucharada de maicena
- ½ cucharadita de jugo de limón

Direcciones

a) En un tazón, bata la mantequilla y el azúcar glas. Incorpora la harina (la mezcla se desmenuzará). Golpee suavemente el fondo de un recipiente engrasado de 12 pulgadas. bandeja para pizza. Hornee a 300 durante 25-28 minutos o hasta que esté ligeramente dorado.

b) Fresco. En otro tazón, bata las chispas derretidas y la crema. Agrega el queso crema; batir hasta que quede suave. Distribuir sobre la base. Enfriar durante 30 minutos.

c) Coloque las bayas sobre el relleno. En una cacerola, combine el jugo de piña, el azúcar, la maicena y el jugo de limón; Llevar a ebullición a temperatura media.

d) Hervir durante 2 minutos o hasta que espese, revolviendo constantemente. Fresco; cepille sobre la fruta. Enfríe 1 hora antes de servir. Conservar en el frigorífico.

15. Tarta de frutas parisina

Rinde: 6 porciones

Ingrediente
- 1 paquete (10 oz) de hamburguesas congeladas
- Azúcar
- 1 taza de leche
- 1 taza de crema espesa
- 1 paquete (4 oz) de mezcla para postre suave sabor vainilla
- 2 plátanos medianos
- 2 cucharadas de jugo de limón
- ⅓ taza de conservas de albaricoque
- 2 tazas de uvas verdes sin semillas, lavadas (3/4 lb.)
- 1 lata (8-1/4 oz) de piña en rodajas, escurrida.

Direcciones

a) Retire las cáscaras de las hamburguesas del paquete. Descongelar a temperatura ambiente durante media hora.

b) Coloque rondas de masa, superpuestas ligeramente, a lo largo sobre una superficie ligeramente enharinada. Enrolle hasta formar un rectángulo de 16x4 pulgadas. (Si las hamburguesas se separan, humedezca con unas gotas de agua). Colóquelas en una bandeja para hornear grande sin engrasar; recorte los bordes de manera uniforme; pinchar bien con un tenedor; enfriar 30 minutos.

c) Vuelva a enrollar los recortes finamente; córtelo en tiras de ⅓ de pulgada de ancho y aproximadamente 4 pulgadas de largo; cepillar con agua; presione los extremos para formar anillos.

d) Unte los aros con agua y luego sumérjalos en azúcar; colóquelo en una bandeja para hornear galletas junto con el rectángulo de masa. Hornee la masa y los aros de masa en el horno a 400~ durante 10 minutos. retire los anillos de la rejilla; reservar para decoración. Hornee el rectángulo de masa 10 minutos más o hasta que esté dorado. Retirar a una rejilla; Frío.

e) Combine la leche, $\frac{1}{4}$ de taza de crema y la mezcla para postre en un tazón pequeño y hondo; batir, siguiendo las instrucciones de la etiqueta. Enfriar 15 minutos. Pele y corte los plátanos en rodajas de $\frac{1}{4}$ de pulgada de grosor. Espolvorea con la mitad del jugo de limón.

f) Divida la masa en dos capas. Coloque la capa inferior en una fuente o tabla para servir larga; unte con aproximadamente $\frac{2}{3}$ de postre suave; coloque las rodajas de plátano en los bordes laterales largos; unte con la mezcla de postre restante.

g) Cubra con la segunda capa de masa. Caliente las conservas de albaricoque con el jugo de limón restante hasta que se derrita en una cacerola pequeña; enfriar un poco. Cepille toda la tarta.

h) Batir la crema restante hasta que esté firme en un tazón pequeño. Papa o unte crema batida sobre la masa. Coloque hileras ordenadas de uvas en crema, comenzando por los bordes exteriores. Corta las rodajas de piña por la mitad y colócalas en el centro. Adorne con los aros de masa reservados.

16. Tarta Premier de frutas blancas

Rinde: 1 porciones
Ingrediente
- Pastelería para masa única; pastel de 9 pulgadas
- ⅓ taza de azúcar granulada
- ¼ de taza de harina para todo uso
- 3 yemas de huevo
- 1 taza de leche
- 1 paquete (6 onzas) de barras para hornear Premier White de NESTLE; Cortado
- 1 cucharadita de extracto de vainilla
- ¼ de taza de mermelada de albaricoque; calentado
- 2 kiwis; pelado y cortado en rodajas
- 1 taza de frambuesas
- Hojas Blancas Premier, opcional

Direcciones

a) Forre un molde para tarta de 9 pulgadas con la masa; recortar los bordes. Pinche la masa con un tenedor. Hornee en horno precalentado a 425 grados F. durante 10 a 12 minutos hasta que la masa esté ligeramente dorada. Dejar enfriar a temperatura ambiente.

b) Combine el azúcar y la harina en una cacerola pequeña; agregue las yemas de huevo y la leche. cocine a fuego medio, revolviendo constantemente, hasta que la mezcla hierva.

c) Reducir el calor. Cocine a fuego lento, revolviendo constantemente, durante 3 minutos hasta que la mezcla esté espesa y suave. Alejar del calor.

d) Agrega las barras para hornear y la vainilla; revuelva hasta que quede suave. Presione la envoltura de plástico directamente sobre la superficie del relleno; enfriar completamente.

e) Retire la base de la tarta del molde. Unte la mermelada sobre el fondo; dejar reposar 5 minutos.

f) Untar con relleno. Coloca la fruta encima. Enfriar. Adorne con Premier White Leaves, si lo desea.

17. Tarta de patatas alpina

Rinde: 10 porciones

Ingrediente
- 7 patatas grandes de Idaho
- 3 tazas de queso suizo, rallado
- 3 tazas de crema espesa
- 3 cucharaditas de ajo, picado
- 1 cucharada de sal
- 2 cucharaditas de pimienta negra, recién molida
- 1 cucharada de hoja de tomillo fresco, picada
- 1 cucharadita de mantequilla, ablandada
- Precalienta el horno a 300 grados F.

Direcciones
a) Pele las patatas y córtelas en rodajas de aproximadamente $\frac{1}{8}$ de pulgada de grosor. Dejar de lado.
b) En un tazón grande, combine las rodajas de papa, la mitad del queso rallado y la crema, el ajo, la sal, la pimienta y el tomillo. Mezclar hasta que esté bien mezclado.
c) Engrase un molde para pastel cuadrado de 9 pulgadas o una cacerola con la mantequilla blanda en el fondo y los lados. Coloque la mezcla de papa en el fondo del molde, presione firmemente mientras agrega. Cuando toda la mezcla esté en la sartén, asegúrese de que esté bien compacta. Cubra con la mitad restante del queso.
d) Hornee en el horno precalentado hasta que la parte superior esté dorada, aproximadamente $1\frac{1}{2}$ horas. Retira las patatas del horno y déjalas reposar 15 minutos antes de cortarlas. Cortar en cuadrados de 2 a 3 pulgadas.

18. tarta de alcachofas

Rinde: 8 porciones

Ingrediente

- 1 masa de pastel horneada a ciegas en 10 flautas; d
- 1 molde para tarta
- 2 cucharadas de aceite de oliva
- 1 onza de panceta; juliana
- ½ taza de cebolla picada
- 2 cucharadas de chalotes picados
- 6 onzas de corazones de alcachofa cortados en juliana
- 1 cucharada de ajo picado
- ¼ de taza de crema espesa -; (a 1/2 taza)
- 3 cucharadas de gasa de albahaca fresca
- 1 jugo de un limón
- ½ taza de queso parmigiano-reggiano rallado
- ½ taza de queso asiago rallado
- 1 sal; probar
- 1 pimienta negra recién molida; probar
- 1 taza de salsa de tomate con hierbas; cálido
- 1 cucharada de albahaca gasa
- 2 cucharadas de queso parmesano rallado

Direcciones

a) Precalienta el horno a 350 grados. En una sartén calentar el aceite de oliva.
b) Saltee la panceta durante 1 minuto. Agregue las cebollas y las chalotas, saltee durante 2 a 3 minutos. Agrega los corazones y el ajo y continúa salteando durante 2 minutos. Añade la nata. Condimentar con sal y pimienta. Agrega la albahaca y el jugo de limón.
c) Retirar del fuego y dejar enfriar. Extienda la mezcla de alcachofas en el fondo del molde para tarta. Espolvorea los quesos sobre la mezcla.
d) Hornea de 15 a 20 minutos o hasta que los quesos se hayan derretido y estén dorados. Coloque un charco de salsa en el centro del plato. Coloca un trozo de tarta en el centro de la salsa.
e) Adorne con queso rallado y albahaca.

19. Tarta De Calabaza Y Tarta De Queso

Hace 1

Ingredientes
La corteza
- 3/4 taza de harina de almendras
- 1/2 taza de harina de linaza
- 1/4 taza de mantequilla
- 1 cucharadita de especias para pastel de calabaza
- 25 gotas de Stevia líquida

El relleno
a) 6 onzas. Queso Crema Vegano
b) 1/3 taza de puré de calabaza
c) 2 cucharadas de crema agria
d) 1/4 taza de crema espesa vegana
e) 3 cucharadas de mantequilla
f) 1/4 cucharaditas de especias para pastel de calabaza
g) 25 gotas de Stevia líquida

Direcciones
a) Combine todos los ingredientes secos de la corteza y revuelva bien.
b) Triturar los ingredientes secos con la mantequilla y la stevia líquida hasta que se forme una masa.
c) Para tus mini moldes para tartas, enrolla la masa en pequeñas esferas.
d) Presione la masa contra el costado del molde para tarta hasta que llegue y suba por los lados.
e) Combine todos los ingredientes del relleno en un tazón.
f) Licue los ingredientes del relleno usando una licuadora de inmersión.
g) Una vez que los ingredientes del relleno estén suaves, distribúyalos en la base y enfríe.
h) Retirar del refrigerador, cortar en rodajas y cubrir con crema batida si lo desea.

20. Tartas de verduras asadas

Rinde: 1 porciones
Ingrediente
- 450 gramos Patatas; pelado, rallado,
- 1 chirivía grande; pelado y rallado
- 50 gramos de harina común
- Sal y pimienta recién molida
- 3 L5ml de aceite vegetal
- 2 pimientos; sin corazón y picado en trozos grandes
- 1 calabacín; cortar en trozos
- 2 dientes de ajo; aplastada
- 1 cebolla morada; cortar en trozos
- 2 patatas de 125 g; bien fregado
- 25 gramos de pecorino vegetariano; copos (opcional)

Direcciones

a) Precalienta el horno a 220ºC/425ºF/Gas Mark 7
b) Mezcle la papa rallada, la chirivía y la harina; sazone con sal y pimienta, luego mezcle con 2 cucharadas de 15 ml / 2 cucharadas de aceite.
c) Divida en 4 montículos en una bandeja para hornear bien engrasada y forme nidos de 10 cm / 4 pulgadas con los bordes ligeramente levantados. Cubrir con film transparente y enfriar durante 30 minutos.
d) Mientras tanto, mezcle los pimientos, el calabacín, el ajo y la cebolla. Cortar las patatas a lo largo en gajos iguales y añadirlas a las demás verduras.
e) Mezcle las verduras con el aceite restante con sal y pimienta y luego ase en el horno durante 20 minutos.
f) Voltee las verduras. Destape las tartas y colóquelas en el horno en una bandeja aparte, continúe cocinando por 20 minutos más.
g) Transfiera las tartas a platos para servir y agregue las verduras asadas.
h) Cubra con hojuelas de queso pecorino (opcional) y sirva inmediatamente.

21. Tarta brioche de verduras asadas y queso de cabra

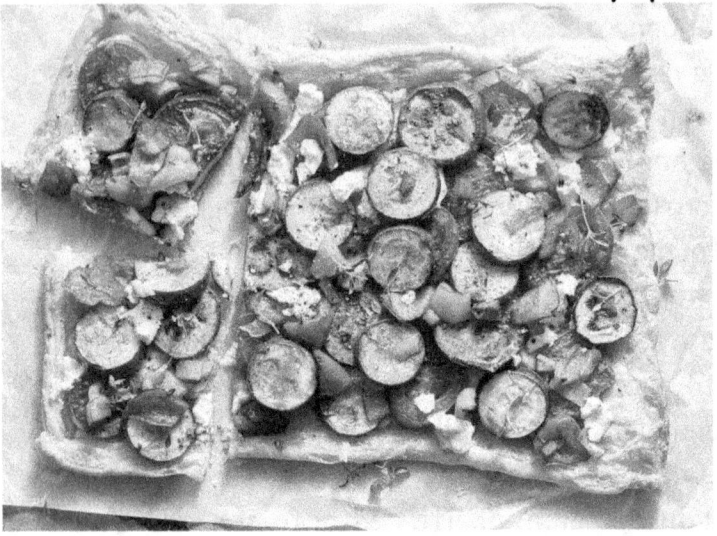

Rinde: 8 porciones

Ingrediente
- 15 gramos de levadura fresca; (1/2oz)
- 100 mililitros de agua tibia; (3 1/2 onzas líquidas)
- 250 gramos de harina blanca fuerte y normal; (8 oz)
- 25 gramos Azúcar; (1 onza)
- 2 huevos medianos
- 125 gramos de mantequilla sin sal; (4 onzas)
- 1 berenjena pequeña
- 1 Calabacín mediano
- 2 cucharadas de aceite de oliva
- 1 paquete de 15 g de tomillo fresco
- 2 dientes de ajo; en rodajas gruesas
- 1 pimiento rojo
- 100 gramos Queso de cabra; en rodajas (3 1/2 onzas)
- Sal y pimienta negra recién molida

Direcciones
a) Precalienta el horno a 200 C, 400 F, marca de gas 6.
b) Mezclar la levadura con agua tibia, agregar 4 cucharadas de harina común, cubrir el bol con film transparente y dejar en un lugar cálido durante 10-15 minutos.
c) Coloque la harina restante en un tazón grande. Agrega el azúcar, los huevos, la mezcla de levadura y una pizca de sal. Batir bien durante 5 minutos.
d) Cubre el bol con film transparente, deja la masa en un lugar cálido durante 30 minutos o hasta que la masa haya duplicado su tamaño.
e) Cortar la berenjena y el calabacín a lo largo en trozos de 5 cm ($\frac{1}{4}$ de pulgada) de grosor. Colóquelos en una bandeja para hornear y unte con aceite de oliva. Espolvorea 1 diente de ajo y un poco de tomillo por encima. Hornee por 10 minutos.

f) Coloque el pimiento rojo en una bandeja aparte, unte con aceite de oliva, espolvoree con ajo y tomillo. Hornee en el horno durante 20 minutos hasta que esté suave. Cuando esté frío retira la piel.
g) Cuando la masa de brioche haya duplicado su tamaño, regrese el bol a la batidora y agregue gradualmente la mantequilla blanda. Vuelva a tapar el recipiente con film transparente y colóquelo en un lugar cálido durante 30 minutos más.

h) Cuando el brioche haya duplicado su tamaño, aproximadamente 30-40 minutos lo retiramos del bol. Enharine ligeramente la superficie de trabajo y extienda la masa hasta que tenga un grosor de 1,5 cm ($\frac{3}{4}$ de pulgada) y coloque la masa en la base de un molde antiadherente de 20 cm (8 pulgadas).
i) Coloque el queso de cabra y las verduras asadas encima de la masa dejando 1, 5 cm ($\frac{3}{4}$ de pulgada) alrededor del borde exterior. Espolvorea con tomillo fresco y sazona con sal y pimienta negra recién molida.
j) Hornee en el horno durante 35 minutos hasta que estén dorados. Retirar del molde y untar con el aceite de oliva restante.

22. Tarta de verduras salada

Rinde: 6 porciones

Ingrediente
corteza de hojaldre
- 2 tazas de harina blanca sin blanquear
- ⅓ taza de harina integral
- ½ cucharadita de sal
- ½ taza de aceite vegetal
- 4 cucharadas de leche descremada o baja en grasa; según sea necesario, hasta 5
- 4 cucharaditas de aceite de oliva
- 2 cebollas grandes; rebanado (4 tazas)
- ½ cucharadita de sal
- ¼ cucharadita de pimienta negra recién molida
- 2 calabacines medianos; en rodajas finas
- 3 tomates pera; en rodajas finas

Direcciones
a) CORTEZA: Precaliente el horno a 400 F. En un tazón grande, mezcle las harinas y la sal.
b) Agregue gradualmente el aceite y mezcle la mezcla con un tenedor hasta que se desmorone. Revolviendo con un tenedor, agregue suficiente leche hasta que la mezcla forme una bola. Forme un disco pequeño.
c) Extienda la masa entre dos hojas de papel encerado en círculos de 12 pulgadas y aproximadamente ¼ de pulgada de grosor. Retire la hoja de papel superior e invierta la masa, sin estirarla, en un molde para tarta redondo de 9 pulgadas con fondo removible. Retire con cuidado el trozo superior de papel encerado. Coloque la masa a lo largo del fondo y los lados superiores del molde para tarta y recorte los bordes.
d) Forre la base sin apretar con papel de aluminio y rellénela con frijoles secos o pesas para pastel.

e) Hornea 15 minutos. Retire el papel de aluminio y los frijoles y hornee hasta que estén dorados, unos 15 minutos más. Transfiera a una rejilla y deje enfriar. Reduzca la temperatura del horno a 375 F.

f) En una sartén grande, caliente el aceite a fuego medio. Agregue las cebollas y cocine, revolviendo ocasionalmente, hasta que estén doradas, de 15 a 20 minutos. Transfiera a la base y extienda uniformemente. Sazone con un poco de sal y pimienta. Agregue los calabacines a la sartén y cocine hasta que estén ligeramente dorados, aproximadamente 2 minutos por lado.

g) Coloque las rodajas de calabacín y tomate en círculos alternos encima de las cebollas y espolvoree con la sal y la pimienta restantes. Hornee hasta que los tomates se ablanden, aproximadamente 25 minutos. Sirva caliente o transfiéralo a una rejilla para que se enfríe, luego refrigere hasta que esté listo para servir.

23. Tarta de natillas de verduras

Rinde: 1 porciones

Ingrediente
- ¼ de libra de hongos silvestres y exóticos variados
- 5 rodajas de cebolla morada; (1/2 pulgada de espesor)
- 5 rodajas de berenjena; (1/2 pulgada de espesor)
- 10 rodajas de calabacín; (1/2 pulgada de espesor)
- 10 rodajas de calabaza amarilla; (1/2 pulgada de espesor)
- ¼ taza de aceite de oliva
- Sal y pimienta negra recién molida al gusto
- 4 yemas de huevo grandes
- 2 tazas de crema espesa
- ½ taza de queso Parmigiano-Reggiano recién rallado
- 1 cucharada de hojas de perejil fresco picado
- 1 chorrito de salsa inglesa
- 1 chorrito de salsa picante
- ½ masa básica para pastel; extendido 1/8 de pulgada de espesor

Direcciones
a) Precalienta el horno a 400 grados Farenheight.
b) Coloque los champiñones y las verduras en un tazón grande, agregue el aceite de oliva y sazone con sal y pimienta. Mezcle para cubrir.
c) Extienda las verduras de manera uniforme en una bandeja para hornear grande y ase hasta que estén ligeramente doradas, aproximadamente 20 minutos. Retirar del horno y dejar enfriar.
d) Reduzca la temperatura del horno a 350 grados Farenheight.
e) En otro tazón grande, combine las yemas de huevo y la crema espesa y bata bien. Agregue el queso, el perejil, la salsa inglesa y la salsa picante y sazone con sal y pimienta. Batir para mezclar.

f) Forre un molde para pastel de 10 pulgadas de profundidad con la base para pastel y doble los bordes.
g) Coloque en capas la berenjena, luego la calabaza, el calabacín, los champiñones y la cebolla en el fondo de la sartén. Vierta la mezcla de huevo uniformemente por encima. Hornee hasta que el centro cuaje y la parte superior esté dorada, aproximadamente 50 minutos. Retirar del horno y dejar enfriar durante 5 minutos antes de cortarlo para servir.

24. Tartas de cóctel de camarones

Rinde: 20 aperitivos

Ingrediente
- 1 15 onzas. paquete. masas de pastel refrigeradas
- Lechuga de hoja finamente picada
- 1 12 onzas paquete. camarones pequeños cocidos congelados, descongelados, enjuagados y escurridos
- Salsa de cóctel

Direcciones
a) Calienta el horno a 450F. Deje que ambas bolsas de masa para pastel reposen a temperatura ambiente durante 15 a 20 minutos. Desdobla cada corteza; retire la lámina de plástico superior. Presione las líneas de pliegue. Invierta y retire la lámina de plástico restante. Corta unos diez círculos de 3 pulgadas de cada corteza. Coloque círculos sobre la parte posterior de moldes para muffins en miniatura. Pellizque 4 o 5 pliegues igualmente espaciados alrededor de los lados de la taza. Pinchar generosamente con un tenedor. Hornee a 450F durante 9 a 13 minutos o hasta que estén ligeramente dorados. Deje enfriar completamente; Retirar de los moldes para muffins.
b) Coloque una pequeña cantidad de lechuga picada en cada base de tarta. Coloque los trozos de camarón sobre la capa de lechuga. Cubra con una pequeña cantidad de salsa cóctel.

25. tarta de almendras

Rinde: 8 porciones

Ingrediente
- Pastelería
- ½ taza de crema espesa
- ⅓ taza de azúcar
- 1 cucharadita de ralladura de naranja
- ¼ cucharadita de extracto de almendras
- 1 taza de almendras rebanadas
- Crema batida para decorar
- Conservas de frambuesa

Direcciones

a) Al menos 2 harinas antes de preparar la tarta, hacer hojaldre.

b) Cuando la masa se haya enfriado, caliente el horno a 375'F. Entre hojas de papel encerado enharinadas, extienda la masa hasta obtener una ronda de 11 pulgadas. Colóquelo en un molde para tarta estriado de 9 pulgadas con fondo removible.

c) Recorta la masa a la altura del borde del molde. Con los dientes de un tenedor, perfore el fondo y los lados de la masa.

d) Coloque el molde para tarta sobre una bandeja para hornear con borde. Cubra la base de la masa con papel de aluminio y rellénela con pesas para pastel. Hornee 8 minutos; Retire la bandeja del horno y levante el papel de aluminio y las pesas. Regrese la masa al horno y hornee 4 minutos más. Reservar sobre una rejilla para que se enfríe.

e) Mientras tanto, en un tazón, con una batidora eléctrica a velocidad media, mezcle la crema, el azúcar, la cáscara y extraiga hasta que el azúcar se disuelva. Incorpora las almendras.

f) Vierta la mezcla de almendras uniformemente en la base de la masa. Regrese al horno y hornee de 20 a 25 minutos, o hasta que el relleno esté dorado. Deje enfriar a temperatura ambiente sobre una rejilla.
g) Cuando la tarta esté fría, si lo desea, vierta la crema batida alrededor del borde exterior; revuelva las conservas y rocíe sobre la crema. Cortar en 12 gajos y servir.
h) Pastelería: En un tazón mediano, combine 1 taza de harina para todo uso sin tamizar, $\frac{1}{2}$ t de sal y $\frac{1}{2}$ t de azúcar. Con una batidora de repostería o 2 cuchillos, agregue 6 cucharadas de mantequilla sin sal y 2 cucharadas de manteca vegetal hasta que la mezcla parezca migajas gruesas.
i) Agregue gradualmente de $2\frac{1}{2}$ a 3 cucharadas de agua helada a la mezcla de harina, mezclando ligeramente con un tenedor hasta que la masa esté lo suficientemente húmeda como para formar una bola. Con las manos, forme una bola y aplánela hasta obtener un grosor de 1 pulgada. Envuelva y refrigere al menos 2 harinas antes de usar.

26. Tarta de chocolate mexicana con nueces especiadas

nueces pecanas
- Spray de aceite vegetal antiadherente
- 1 clara de huevo grande
- 2 cucharadas de azúcar
- 1 cucharada de azúcar moreno dorado
- 1 cucharadita de canela molida
- 1/4 cucharadita de sal
- 1/8 cucharadita de pimienta de cayena
- 1 1/2 tazas de mitades de nueces

Corteza
- 1 taza de migas de galleta de oblea de chocolate (aproximadamente la mitad de un paquete de galletas de 9 onzas, finamente molidas en el procesador)
- 1/4 taza de azúcar
- 1/2 cucharadita de canela molida
- 1/8 cucharadita de sal
- 5 cucharadas de mantequilla sin sal, derretida

Relleno
- 1 taza de crema para batir espesa
- 4 onzas de chocolate agridulce o semidulce, picado
- 1 disco (3,1 onzas) de chocolate mexicano
- 1/4 taza (1/2 barra) de mantequilla sin sal, cortada en 4 trozos
- 2 cucharaditas de extracto de vainilla
- 1 cucharadita de canela molida
- 1/4 cucharadita de sal
- Crema batida ligeramente endulzada

Direcciones
Para nueces:
a) Precalienta el horno a 350°F. Rocíe una bandeja para hornear con borde con spray antiadherente. Batir todos los ingredientes excepto las nueces en un tazón mediano.

Agregue las nueces. Extienda en una sola capa sobre una hoja, con el lado redondeado hacia arriba. Hornee hasta que esté dorado y seco, aproximadamente 30 minutos. Dejar enfriar en una sábana. Separe las nueces, quitando el exceso de recubrimiento. HACER CON ANTICIPACIÓN Se puede hacer con 2 días de anticipación. Almacenar en un lugar seguro a temperatura ambiente.

Para la corteza:

b) Precalienta el horno a 350°F. Licue los primeros 4 ingredientes en el procesador. Agrega la mantequilla derretida; procese hasta que las migas se humedezcan. Presione las migajas en un molde para tartas de 9 pulgadas de diámetro con fondo removible, hasta 1/8 de pulgada de la parte superior. Hornee hasta que esté listo, unos 20 minutos. Dejar enfriar sobre una rejilla.

Para rellenar:

c) Deje que la crema hierva a fuego lento en una cacerola mediana. Alejar del calor. Agrega los chocolates; batir hasta que se derrita. Agrega la mantequilla, 1 pieza a la vez; batir hasta que quede suave. Incorpora la vainilla, la canela y la sal. Vierta el relleno en la base. Enfríe hasta que el relleno comience a solidificarse, aproximadamente de 15 a 20 minutos. Coloque las nueces en círculos concéntricos encima de la tarta. Enfríe hasta que cuaje, aproximadamente 4 horas. HACER CON ANTICIPACIÓN Se puede hacer con 1 día de anticipación. Cubra sin apretar con papel de aluminio y manténgalo frío. Sirva la tarta con crema batida.

27. Tarta De Frangipane Con Frutas De Temporada

Ingredientes
- 1 ración de paté brisée
- 3/4 barra (6 cucharadas) de mantequilla sin sal, ablandada
- 1/2 taza de azúcar
- 1 huevo grande
- 3/4 taza de almendras blanqueadas, molidas finas
- 1 cucharadita de extracto de almendras
- 1 cucharada de amaretto
- 1 cucharada de harina para todo uso
- 2 tazas de fresas, peladas
- 2 tazas de frambuesas, recogidas y enjuagadas
- 1/4 taza de mermelada de fresa o frambuesa, derretida y colada

Paté Brisée
- 1-1/4 tazas de harina para todo uso
- 3/4 barra (6 cucharadas) de mantequilla fría sin sal, cortada en trozos 2 cucharadas de manteca vegetal fría
- 1/4 cucharadita de sal

Direcciones

Paté Brisée
a) En un tazón grande mezcle la harina, la mantequilla, la manteca vegetal y la sal hasta que la mezcla parezca harina. Agrega 2 cucharadas de agua helada, revuelve la mezcla hasta incorporar el agua, agregando más agua helada si es necesario para formar una masa, y forma una bola con la masa. Espolvorea la masa con harina y enfríala, envuelta en papel encerado, durante 1 hora.

Tarta
b) Extienda la masa de 1/8 de pulgada de espesor sobre una superficie ligeramente enharinada, colóquela en un molde para tarta rectangular de 11 por 8 pulgadas o redondo de 10

o 11 pulgadas con un borde estriado removible y enfríe la cáscara mientras prepara la masa. frangipano.

c) En un tazón pequeño, bata la mantequilla y el azúcar y agregue el huevo, las almendras, el extracto de almendras, el Amaretto y la harina. Extienda el frangipane uniformemente en el fondo de la cáscara y hornee la tarta en medio de una temperatura precalentada a 375 ° F. Hornee durante 20 a 25 minutos, o hasta que la cáscara esté dorada pálida. (Si el frangipane comienza a dorarse demasiado, cubra la tarta sin apretar con un trozo de papel de aluminio).

d) Deja enfriar la tarta. Corte las fresas a lo largo en rodajas de 1/8 de pulgada de grosor, colóquelas superpuestas decorativamente con las frambuesas en filas sobre el frangipane y unte suavemente con la mermelada.

28. Masa de pastel hojaldrada

Rendimiento: cáscara de tarta de 10 por 1 pulgada
Ingredientes
- 8 cucharadas de mantequilla sin sal, fría
- 1 1/3 tazas + 4 cucharadas de harina de repostería
- 1/4 cucharadita de sal
- 2 1/2 a 3 1/2 cucharadas de agua helada
- 1 1/2 cucharaditas de vinagre de sidra Opcional
- 1/8 cucharadita de polvo para hornear

Direcciones
a) Divida la mantequilla en dos partes, aproximadamente de dos tercios a un tercio.
b) Corta la mantequilla en cubos de 3/4 de pulgada. Envuelve cada porción de mantequilla con film transparente, refrigera la cantidad mayor y congela la más pequeña durante al menos 30 minutos. Coloque la harina, la sal y el polvo para hornear en una bolsa para congelador con cierre hermético del tamaño de un galón y congele durante al menos 30 minutos.
c) **Método del procesador de alimentos:** Coloque la mezcla de harina en un procesador de alimentos con la cuchilla de metal y procese durante unos segundos para combinar. Deja la bolsa a un lado.
d) Agregue la mayor cantidad de cubos de mantequilla a la harina y procese durante unos 20 segundos o hasta que la mezcla parezca una harina gruesa. Agregue los cubos de mantequilla congelada restantes y presione hasta que toda la mantequilla congelada tenga el tamaño de guisantes.
e) Agregue la menor cantidad de agua helada y vinagre y presione 6 veces. Pellizca una pequeña cantidad de la mezcla entre tus dedos.
f) Para tartaletas pequeñas de 1 pulgada, omita el polvo de hornear y deje que el procesamiento continúe hasta que se forme la bola. La mezcla adicional produce una masa un poco

menos escamosa pero asegura que no se deformará en los moldes pequeños.
g) Vierta la mezcla en la bolsa de plástico.
h) Sosteniendo ambos extremos de la abertura de la bolsa con los dedos, amase la mezcla presionándola alternativamente, desde el exterior de la bolsa, con los nudillos y las palmas de las manos hasta que la mezcla se mantenga unida en una sola pieza y se sienta ligeramente elástica al tirar.
i) Envolver la masa con film transparente, aplanarla formando un disco y refrigerar durante al menos 45 minutos.

29. Tarta de queso de cabra y espinacas

Rinde: 8 porciones

Ingrediente
- ½ taza de cebolla picada
- 1 cucharada de aceite de oliva
- 3 tazas de espinacas despalilladas y lavadas
- 5 huevos
- 1½ taza de queso de cabra fresco
- 2 tazas de crema espesa
- 1 sal; probar
- 1 pimienta blanca recién molida; probar
- 1 base de tarta simple precocida de nueve pulgadas
- 2 cucharadas de cebollino picado
- 2 cucharadas de pimiento rojo finamente picado

Direcciones
a) Precalentar el horno a 350 grados. En una sartén cocine la cebolla en aceite hasta que esté tierna, 5 minutos; agregue las espinacas, un puñado a la vez, revolviendo.
b) Cocine hasta que las espinacas se marchiten, suelten su líquido y el líquido se evapore.
c) Transfiera a un tazón para que se enfríe. En otro tazón, bata los huevos con el queso de cabra para mezclar bien, agregue la crema y agregue la mezcla de espinacas enfriada; Condimentar con sal y pimienta. Rellenar la base de la tarta. Hornee durante 30 minutos, hasta que la crema esté firmemente asentada en los lados, pero aún ligeramente húmeda en el centro.
d) Deje enfriar sobre una rejilla unos 10 minutos antes de cortarlo en gajos. Sirva adornado con cebollino picado y pimiento rojo cortado en cubitos.

30. Tarta dorada de piña y queso

Rinde: 12 porciones

Ingrediente
- 2 tazas de harina sin tamizar
- ¼ cucharadita de sal
- ½ cucharadita de polvo para hornear
- ⅔ taza de mantequilla o margarina
- ⅓ taza de azúcar
- 2 yemas de huevo
- 2 cucharadas de crema
- ½ cucharadita de piel de limón rallada
- 8 onzas de piña triturada
- 4 cucharadas de mantequilla o margarina
- ⅔ taza de azúcar
- 16 onzas de queso crema, ablandado
- 1 yema de huevo
- ¼ taza de crema espesa
- ½ taza de pasas doradas
- 1 cucharadita de piel de limón rallada

Direcciones
Pastelería:
a) En un tazón grande, tamice la harina, la sal y el polvo para hornear. Con una batidora de repostería, corte en ⅔c. mantequilla hasta que la mezcla parezca migajas gruesas. Agrega el azúcar, las 2 yemas de huevo, la nata y la piel de limón. Mezcle con las manos hasta que la mezcla se mantenga unida. Enharinar y amasar unos 2 minutos, Refrigerar la masa en papel encerado por 30 minutos.
b) Escurra la piña, precaliente el horno a 350 grados F. Engrase un molde desmontable de 10 pulgadas. Retire el costado de la sartén.

Relleno:
c) En un tazón mediano, bata la mantequilla, el azúcar y el queso crema a velocidad alta hasta que se mezclen. Agrega la yema de huevo y la nata. Agregue la piña, las pasas y la cáscara de limón. Dejar de lado.
d) Coloque ¾ de la masa de hojaldre en el fondo del molde desmontable. Estire la masa para que quepa en el molde. Hornea por 12 minutos o hasta que esté dorado; Frío. Vuelva a colocar el lado del molde desmontable. Vierta el relleno en el molde y distribuya uniformemente.
e) Decora la parte superior del relleno con la masa restante.
f) Hornea 40 minutos o hasta que estén dorados. Dejar enfriar 10 minutos. Espolvorea con azúcar glas. Sirva tibio o a temperatura ambiente. Almacenar refrigerado.

31. Tarta de uvas y grosellas con queso fontina

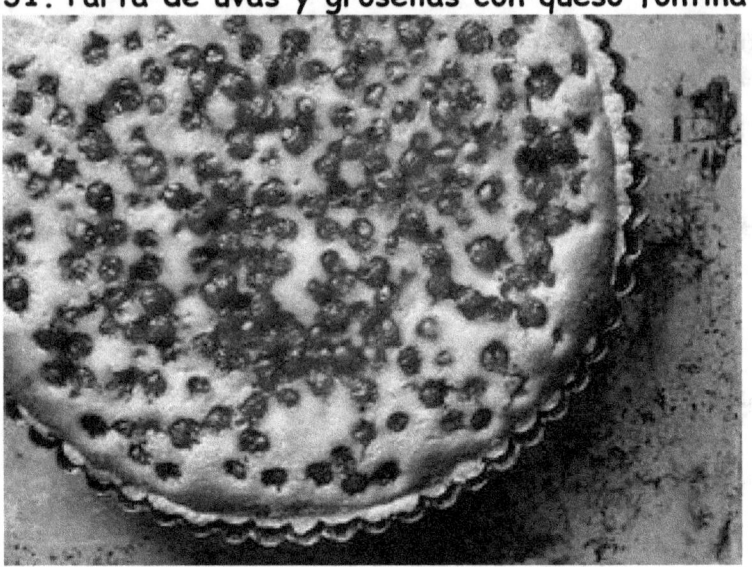

Rinde: 8 porciones

Ingrediente
- ½ taza de agua hirviendo
- ¼ taza de grosellas secas
- 6 rebanadas de pan blanco 3/4 onza cada rebanada
- Aerosol para cocinar vegetales
- 1½ taza de leche descremada; dividido
- 1¼ taza de queso fontina cortado en cubitos 5 onzas
- 1¼ taza de uvas rojas sin semillas; reducido a la mitad
- 2 cucharadas de harina para todo uso
- ⅓ taza de azúcar
- 2 cucharadas de harina de maíz amarillo
- 1 cucharadita de ralladura de limón
- 3 claras de huevo; ligeramente batido
- 1 huevo; ligeramente batido
- 1 cucharadita de aceite de oliva virgen extra
- 1 cucharada de azúcar
- 2 cucharaditas de romero fresco picado

Direcciones

a) Precalentar el horno a 350 grados.
b) Combine agua hirviendo y grosellas; dejar reposar 15 minutos. Escurrir y reservar. Quite la corteza del pan; deseche las costras.
c) Corta cada rebanada en 4 triángulos; Coloque los triángulos en una sola capa en un molde para quiche de 10 pulgadas cubierto con aceite en aerosol. Vierta $\frac{1}{2}$ taza de leche sobre el pan; dejar reposar 5 minutos. Cubra con grosellas, queso y uvas.
d) Coloque la harina en un tazón y agregue gradualmente la 1 taza de leche restante, revolviendo con un batidor de varillas hasta que se mezclen.
e) Agrega $\frac{1}{3}$ de taza de azúcar, harina de maíz, ralladura de limón, claras y huevo; vierte sobre la tarta. Rocíe aceite sobre la tarta y espolvoree con 1 cucharada de azúcar y romero.
f) Hornee por 45 minutos o hasta que cuaje; dejar enfriar sobre una rejilla

32. tarta de queso de guayaba

Rinde: 4 porciones

Ingrediente
- 6 onzas (3/4 taza) de queso crema, a temperatura ambiente
- 1 litro Taza de panela rallado o Queso campesino curado
- 2 trozos (1/2 libra) de hojaldre, cada uno cortado en forma de
- Círculo de 12 pulgadas.
- 1 huevo, ligeramente batido
- ⅔ taza de pasta de guayaba u otra fruta, mermelada o puré mezclado con 1/4 taza de jugo de limón recién exprimido
- 1 cucharada de crema espesa

Direcciones
a) Coloca en un bowl el queso crema y el queso panela o campesino y mezcla bien con una cuchara.
b) Cubra una bandeja para hornear con papel pergamino. Coloque 1 de los círculos de hojaldre en la bandeja para hornear. Cepille un borde de 1 pulgada alrededor del borde exterior con un poco de huevo batido. Coloque la mezcla de queso en un círculo de 8 pulgadas en el centro y extienda la pasta o mermelada de guayaba uniformemente por encima.
c) Dobla el trozo de hojaldre restante por la mitad y colócalo sobre el primer trozo. Despliegue la masa para encerrar el relleno, teniendo cuidado de no atrapar aire debajo. Presione suavemente los bordes superior e inferior y refrigere durante unos 25 minutos, o hasta que la masa esté completamente fría.
d) Retirar del frigorífico. Trabajando aproximadamente a $1\frac{1}{2}$ pulgadas del exterior, presione firmemente los bordes de la masa junto con los dientes de un tenedor para sellar. Luego recorte el exceso de masa, dejando un borde uniforme de corteza de 1 pulgada que rodee el relleno.

e) Con un cuchillo de cocina afilado, corte y deseche un círculo de masa de $\frac{1}{4}$ de pulgada del centro y presione para sacar el aire atrapado. Luego, haciendo cortes poco profundos, trace de 6 a 8 líneas circulares en forma de espiral desde el orificio central hasta el borde interior de la corteza sellada.
f) Mezcle la crema espesa con el huevo batido restante y unte la parte superior de la tarta: cubra con film transparente y enfríe al menos 2 horas o toda la noche.
g) Para hornear, precalienta el horno a 450 grados. Transfiera el molde del refrigerador al horno y hornee por 15 minutos, o hasta que esté inflado y dorado por encima. Reduzca la temperatura del horno a 350 grados.
h) Hornee hasta que la gelatina burbujee y la corteza inferior, cuando se levante con una espátula, se dore, de 30 a 40 minutos. Dejar enfriar sobre una rejilla durante 15 minutos. Servir caliente.

33. Tartas de queso con hierbas

Rinde: 24 porciones

Ingrediente
- ⅓ taza de pan rallado fino seco o zwieback finamente triturado
- 8 onzas de paquete de queso crema, ablandado
- ¾ taza de requesón estilo crema
- ½ taza de queso suizo rallado
- 1 cucharada de harina para todo uso
- ¼ cucharadita de albahaca seca, triturada
- ⅛ cucharadita de ajo en polvo
- 2 huevos
- revestimiento en aerosol antiadherente
- crema agria de leche (opcional)
- aceitunas maduras deshuesadas en rodajas o en tiras, caviar rojo
- pimiento rojo asado

Direcciones
a) Para la base, rocíe veinticuatro moldes para muffins de 1¾ de pulgada con una capa en aerosol antiadherente.
b) Espolvoree pan rallado o zwieback triturado en el fondo y los lados para cubrir. Agite los moldes para eliminar el exceso de migas. Dejar de lado.
c) En un tazón pequeño para batidora, combine el queso crema, el requesón, el queso suizo, la harina, la albahaca y el ajo en polvo. Batir con una batidora eléctrica a velocidad media hasta que quede esponjoso. Agrega los huevos; batir a velocidad baja hasta que se combinen. No batir demasiado.
d) Llene cada molde para muffins forrado con migajas con 1 cucharada de la mezcla de queso. Hornee en un horno a 375 grados F durante 15 minutos o hasta que el centro parezca firme. (Las tartas se inflarán durante el horneado y luego se desinflarán a medida que se enfríen). Deje enfriar en moldes

sobre rejillas de alambre durante 10 minutos. Retirar de las cacerolas.
e) Deje enfriar completamente sobre rejillas.
f) Para servir, unte la parte superior con crema agria. Adorne con aceitunas, caviar, cebollino y/o pimiento rojo y recortes de aceitunas. Rinde 24 tartas.
g) PARA REFRIGERAR: Hornee y enfríe las tartas como se indica, excepto que no las unte con crema agria ni las cubra con guarnición. Cubra y enfríe en el refrigerador por hasta 48 horas. Deje reposar las tartas a temperatura ambiente durante 30 minutos antes de servir. Unte con crema agria y decore como se indica.
h) PARA CONGELAR: Hornee y enfríe las tartas como se indica, excepto que no las unte con crema agria ni las adorne. Congele las tartas, descubiertas, sobre una rejilla durante aproximadamente 1 hora o hasta que estén firmes.
i) Transfiera a un recipiente o bolsa para congelador. Sellar, etiquetar y colocar en el congelador. Para descongelarlo, déjelo reposar, sin apretar, a temperatura ambiente durante aproximadamente 2 horas o en el refrigerador durante la noche. Unte con crema agria y decore como se indica.

34. Tarta de queso mediterráneo

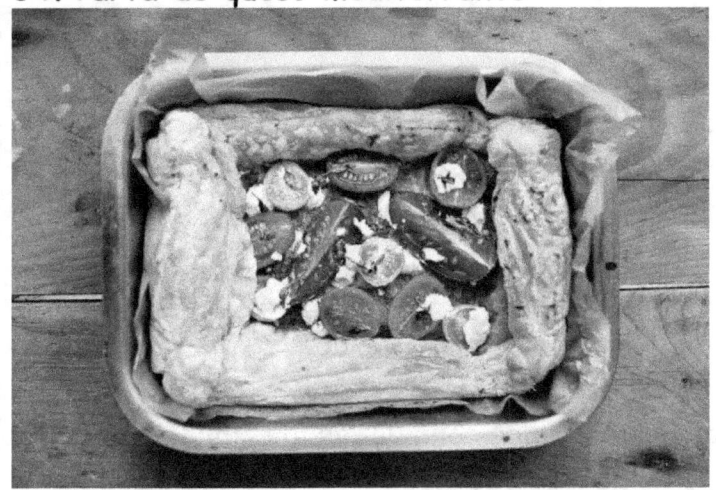

Rinde: 12 porciones

Ingrediente
- 8 hojas de masa filo congelada; descongelado
- ¼ taza de Mantequilla; Derretido
- ¼ de taza de queso parmesano; rallado
- ½ taza de cebolla; Cortado
- 1 cucharadita de romero fresco; cortado
- ¼ cucharadita de romero seco, triturado)
- 1 cucharada de aceite de oliva
- 5 onzas de espinacas picadas congeladas; descongelado
- ⅓ taza de piñones o nueces tostadas
- 1 huevo
- 1 taza de queso ricota
- ½ taza de queso feta; se desmoronó
- ¼ de taza de aceite de tomates secos; agotado
- ¼ cucharadita de pimienta molida gruesa
- 1 cucharada de queso parmesano; rallado

Direcciones
a) Desdoblar masa filo; cúbralo con una envoltura de plástico o una toalla húmeda para evitar que se seque. Sobre una superficie de trabajo seca, coloque una hoja de masa filo; untar con mantequilla.
b) Cubra con otra hoja de masa filo, unte con mantequilla y espolvoree con 1 cucharada de queso parmesano. Repita con el resto de las hojas de masa filo, la mantequilla y el parmesano. Con unas tijeras de cocina, corte la masa filo en un círculo de 11".
c) Coloque el filo de manera uniforme en la sartén preparada, plisándolo según sea necesario y teniendo cuidado de no romper el filo. Cubra la sartén con una toalla húmeda; dejar de lado.

d) Para el relleno: cocine las cebollas y el romero en aceite de oliva en una cacerola mediana hasta que las cebollas estén tiernas. Agregue las espinacas y los piñones (o nueces).
e) Extienda en el molde desmontable forrado con masa filo. Dejar de lado.
f) Batir ligeramente el huevo en un tazón mediano. Agregue la ricota, el queso feta, los tomates y la pimienta. Distribuya con cuidado sobre la mezcla de espinacas. Espolvorea con 1 cucharada de queso parmesano.
g) Coloque el molde desmontable en una bandeja para hornear poco profunda sobre la rejilla del horno. Hornee en un horno a 350 durante 35 a 40 minutos o hasta que el centro parezca casi listo al agitarlo.
h) Enfríe la tarta en un molde desmontable sobre una rejilla durante 5 minutos. Afloje los lados del molde. Deje enfriar de 15 a 30 minutos más. Antes de servir, retire los lados del molde desmontable. Servir caliente.

35. La cáscara de tarta dulce que no se encoge

Rinde suficiente para una base de tarta de 9 pulgadas

Ingredientes
- 1 1/2 tazas de harina para todo uso
- 1/2 taza de azúcar glas
- 1/4 cucharadita de sal
- 1 barra más 1 cucharada de mantequilla sin sal, cortada en trozos pequeños
- 1 huevo grande

Direcciones

a) Mezcle la harina, el azúcar y la sal en el tazón de un procesador de alimentos. Esparza los trozos de mantequilla sobre los ingredientes secos y presione hasta que la mantequilla esté cortada en trozos grandes.

b) Revuelva la yema, solo para romperla, y agréguela poco a poco, pulsando después de cada adición.

c) Cuando el huevo esté dentro, procese en pulsaciones largas, de unos 10 segundos cada una, hasta que la masa, que se verá granulada poco después de agregar el huevo, forme grumos y cuajada. Justo antes de llegar a esta etapa, el sonido de la máquina trabajando la masa cambiará: atención.

d) Coloque la masa sobre una superficie de trabajo y, muy ligera y con moderación, amase la masa solo para incorporar los ingredientes secos que se hayan escapado de la mezcla. Enfríe la masa, envuelta en plástico, durante aproximadamente 2 horas antes de enrollarla.

e) Para enrollar la masa: Unte con mantequilla un molde para tarta estriado de 9 pulgadas con fondo removible. Extienda la masa fría sobre una hoja de papel pergamino enharinada hasta obtener un círculo de 12 pulgadas, levantando y volteando la masa de vez en cuando para liberarla del papel. (Como alternativa, puedes extender esto entre dos piezas de plástico, aunque de todos modos enharina un poco la masa).

f) Usando papel como ayuda, convierta la masa en un molde para tarta de 9 pulgadas de diámetro con fondo removible; despegue el papel. Selle las grietas en la masa. Recorte el saliente a 1/2 pulgada. Doble el saliente hacia adentro, formando lados de doble grosor. Perfore toda la corteza con un tenedor.

g) Como alternativa, puedes presionar la masa tan pronto como esté procesada: presiónala uniformemente por el fondo y los lados de la base de la tarta. Debes presionar lo suficientemente fuerte como para que las piezas se adhieran entre sí, pero no tan fuerte como para que pierda su textura quebradiza.

h) Congela la base durante al menos 30 minutos.

i) Para hornear total o parcialmente la corteza: Centre una rejilla en el horno y precaliente el horno a 375 grados F. Unte con mantequilla el lado brillante de un trozo de papel de aluminio (o use papel de aluminio antiadherente) y coloque el papel de aluminio, con el lado untado con mantequilla hacia abajo, firmemente contra el corteza.

j) Y aquí está la mejor parte: como congelaste la base, puedes hornearla sin pesas. Coloque el molde para tarta en una bandeja para hornear y hornee la base durante 20 a 25 minutos.

k) Retire con cuidado el papel de aluminio. Si la corteza se ha hinchado, presiónela suavemente con el dorso de una cuchara. Hornee la corteza unos 10 minutos más para hornearla por completo, o hasta que esté firme y dorada, siendo marrón la palabra importante: una corteza pálida no tiene mucho sabor.

l) Transfiera la sartén a una rejilla y enfríe la base a temperatura ambiente.

36. Conchas de tarta de queso

Rinde: 4 porciones

Ingredientes
- ½ taza de manteca vegetal
- 5 onzas de queso americano para untar; 1 frasco
- 1½ taza de harina sin blanquear

Direcciones
a) Combine la manteca vegetal y el queso para untar en un tazón mediano. Incorpora la harina a la mezcla de queso con dos cuchillos hasta que esté bien mezclada. Forme un rollo de 1¼ de pulgada de diámetro y 12 pulgadas de largo. Envuelva completamente en papel encerado o film transparente. Refrigere por 1 hora o más. Precaliente el horno a 375 grados F. Retire la masa del refrigerador y desenvuélvala. Cortar en rodajas de ⅛ de pulgada de grosor. Usando 12 moldes para muffins (2 ¾ de pulgada) o moldes para tarta de 3 pulgadas, coloque 1 rebanada de masa en el fondo de cada uno. Superponga 5 rebanadas alrededor del exterior de cada una.
b) Presione suavemente. Perfora la base y los lados con un tenedor. Hornee de 18 a 20 minutos en el horno precalentado hasta que esté ligeramente dorado. Deje enfriar en los moldes sobre una rejilla y retire con cuidado las cáscaras cuando estén frías al tacto.

37. Cáscara de tarta con masa de harina de maíz

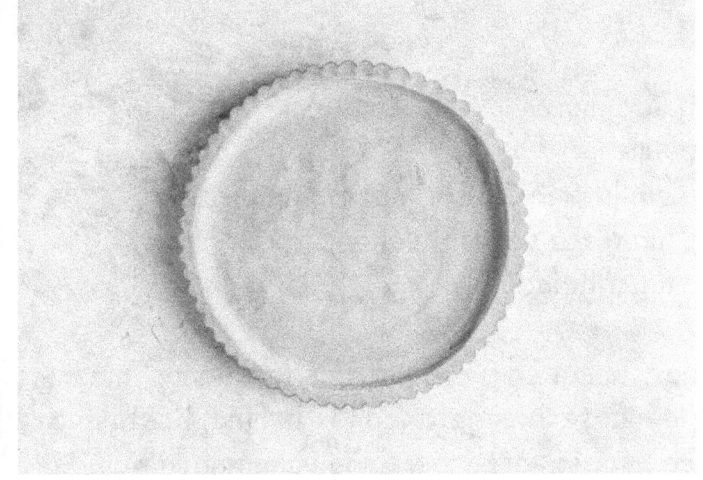

Rinde: 1 porciones

Ingrediente
- 2½ taza de harina de maíz
- 1 cucharadita de sal
- 1 barra de mantequilla fría sin sal; cortar en piezas
- 6 cucharadas de manteca vegetal sólida; frío
- 5 cucharadas de agua helada

Direcciones

a) Combine la harina y la sal en un tazón. Con las manos, mezcle la mantequilla y la manteca vegetal con la harina, hasta que la mezcla parezca migajas gruesas. Espolvorea agua helada sobre la mezcla 1 o 2 cucharadas a la vez. Reúna la masa en una bola. Coloca la masa sobre una superficie enharinada.

b) Con la palma de la mano, amase la masa, esto mezclará la mantequilla y la manteca y hará que la masa quede más hojaldrada. Refrigere por 30 minutos. Extienda la masa sobre una superficie enharinada formando un círculo de 14 pulgadas de diámetro y ⅛ de pulgada de grosor.

c) Doble suavemente el círculo de masa por la mitad y luego nuevamente por la mitad para que pueda levantarlo sin romperlo, y desdóblelo en un molde para tarta de 9 pulgadas.

38. Bases de tarta de forma libre

Rinde: 4 porciones

Ingrediente
- 1 huevo mezclado con 1 cucharadita de agua
- $\frac{1}{4}$ taza de azúcar granulada
- 1 taza de harina
- $\frac{1}{4}$ cucharaditas de sal
- $\frac{1}{8}$ cucharaditas de polvo para hornear
- 8 cucharadas de mantequilla sin sal

Direcciones
a) En un procesador de alimentos, combine el azúcar, la harina, la sal y el polvo para hornear.
b) Cuando esté bien combinado, agregue la mantequilla y presione la máquina hasta que la mantequilla se disuelva en la mezcla de harina. Agrega el huevo y el agua y procesa hasta que la masa forme una masa.
c) Transfiere la masa a papel encerado; Dale palmaditas (con las manos enharinadas si es necesario) hasta formar una ronda plana y refrigérala durante 30 a 45 minutos o hasta que se haya relajado y puedas extenderla.
d) Divida la masa en aproximadamente 8 trozos iguales. Sobre una tabla ligeramente enharinada, extienda las piezas hasta que tengan un grosor ligeramente superior a 1/8 de pulgada. En lugar de molestarse en colocarlas en las carcasas de las tartaletas y hornearlas previamente, simplemente déles forma redonda (de 3 pulgadas o $3\frac{1}{2}$ pulgadas) o córtelas en corazones o rectángulos.
e) Transfiera las formas libres a una bandeja para hornear y enfríe durante 20 minutos mientras precalienta el horno a 400 grados. A los restos se les puede dar forma de galletas más pequeñas.
f) Pinche la masa con un tenedor (tal como lo haría con la masa inferior de una tartaleta) para que la masa no se hinche. Hornee de 10 a 12 minutos o hasta que los bordes estén dorados. Retíralas del horno a una rejilla y déjalas enfriar. Cuando esté completamente frío, cubra con lo que quiera.

39. corteza de chocolate

RINDE 1 CORTEZA DE PIE (10 PULGADAS)
Ingredientes
- ¾ porción de miga de chocolate
- 8 gramos de azúcar
- 0,5 g de sal kosher
- 14 g de mantequilla, derretida

Direcciones

a) Pulse las migas de chocolate en un procesador de alimentos hasta que estén arenosas y no queden grumos grandes.

b) Transfiera la arena a un bol y, con las manos, mezcle con el azúcar y la sal. Agrega la mantequilla derretida y amásala en la arena hasta que esté lo suficientemente húmeda como para formar una bola. Si no está lo suficientemente húmeda para hacerlo, derrita 14 g (1 cucharada) de mantequilla adicionales y amase.

c) Transfiera la mezcla a un molde para pastel de 10 pulgadas. Con los dedos y las palmas de las manos, presione firmemente la corteza de chocolate en el molde, asegurándose de que el fondo y los lados del molde para pastel queden cubiertos uniformemente. Envuelta en plástico, la corteza se puede almacenar a temperatura ambiente hasta por 5 días o en el refrigerador por 2 semanas.

40. corteza de graham

RINDE APROXIMADAMENTE 340 G (2 TAZAS)

Ingredientes
- 190 g de galletas Graham molidas
- 20 gramos de leche en polvo
- 25 gramos de azúcar
- 3 gramos de sal kosher
- 55 g de mantequilla, derretida
- 55 g de nata espesa

Direcciones

a) Mezcle las migas de graham, la leche en polvo, el azúcar y la sal con las manos en un tazón mediano para distribuir uniformemente los ingredientes secos.

b) Batir la mantequilla y la nata espesa. Agregue a los ingredientes secos y revuelva nuevamente para distribuir uniformemente. La mantequilla actuará como pegamento, adhiriéndose a los ingredientes secos y convirtiendo la mezcla en un montón de pequeños racimos. La mezcla debe mantener su forma si se aprieta con fuerza en la palma de la mano. Si no está lo suficientemente húmeda para hacerlo, derrita 14 a 25 g (1 a $1\frac{1}{2}$ cucharadas) adicionales de mantequilla y mézclela.

41. Mini conchas de tarta

Rinde entre 20 y 22 miniconchas.

Ingredientes
- 3 tazas de harina para todo uso
- 1/8 cucharadita de sal
- 1 1/4 taza de azúcar en polvo
- 3 yemas de huevo
- 2 cucharaditas de pasta de vainilla o extracto de vainilla
- 2 barras de mantequilla sin sal

Direcciones
a) Tamizar la harina y la sal. Dejar de lado.
b) En la batidora equipada con un accesorio de pétalos, bata la mantequilla sin sal a temperatura ambiente (2 barras, 226 gramos) y el azúcar en polvo (1 taza y 1/4 taza) hasta que quede suave. En un plato pequeño, mezcle las yemas de huevo (3 yemas de huevo) y la pasta de vainilla o el extracto de vainilla (2 cucharaditas). Incorpora poco a poco la mezcla de yemas de huevo a la crema de mantequilla. Raspe el recipiente varias veces según sea necesario.
c) A velocidad baja, agregue gradualmente la mezcla de harina a la mezcla de mantequilla. Mezclar hasta que empiece a unirse. Si la masa se desmorona demasiado, agregue 1 cucharadita de leche. No trabajes demasiado la masa. Invierta la masa sobre una superficie de trabajo limpia o en un tazón grande y junte la masa con las manos hasta formar una bola. Luego forme un disco con la masa, envuélvalo en papel de aluminio y déjelo enfriar durante 1 a 2 horas.
d) Precalienta el horno a 350F.
e) Coloque los moldes para mini tartas en una bandeja para hornear. Rocíe con un spray antiadherente y reserve.
f) Saca la masa fría, córtala por la mitad. Deje que se ablande durante 5 minutos. Extiéndalo entre 2 hojas de pergamino o use Dough EZ Mat. Extiéndalo usando guías rodantes de 1/8 de pulgada.
g) Recorta tantas rondas como puedas. Reúna los restos y vuelva a enrollarlos. Dale forma a las tartas como se muestra en la imagen tutorial/vídeo. Utilice un tenedor para pinchar el fondo de las conchas. Hornee a 350F durante 12-14 minutos hasta que estén dorados en los bordes.

42. Corteza de tarta dulce francesa

Porciones 1 base de tarta

Ingredientes
- 1 1/2 tazas de harina, común/para todo uso
- 6 1/2 cucharadas de azúcar glas suave
- 2 1/2 cucharadas de harina de almendras
- 1/4 cucharadita de sal
- 100 g / 7 cucharadas de mantequilla, sin sal, blanda, cortada
- 1 huevo grande, a temperatura ambiente

Direcciones
a) Batir la harina, el azúcar glas, la sal y la harina de almendras en un bol.
b) Agregue mantequilla: use las yemas de los dedos para frotar la mantequilla con los ingredientes secos hasta que parezca pan rallado.
c) Agregue el huevo: mezcle con una espátula de goma hasta que ya no se pueda revolver, luego use las manos para formar una masa.
d) Unir la masa: coloque la masa sobre una superficie de trabajo, luego amase hasta formar una bola suave. Aplanar hasta formar un disco de 2 cm / 0,8" de grosor. Envolver con film transparente y refrigerar durante 30 minutos.
e) Desenvuelva la masa fría. Colóquelo sobre una superficie de trabajo ligeramente enharinada.
f) Estire hasta formar una ronda de 32 cm / 13 " (3 mm / 1/8 " de espesor).
g) Forrar el molde para tarta: enrollar la masa ligeramente sobre un rodillo. Luego, desenróllelo suavemente sobre el molde para tarta.
h) Colocar la masa: Ajustar la masa para que encaje en el molde para tarta, encajando en la esquina, teniendo cuidado de no estirarla (provoca que se encoja durante el horneado).

i) Recorte el exceso de masa: pase el rodillo sobre el molde para tarta para recortar el exceso de masa. El molde para tarta que se muestra en la foto mide 24 x 3 cm / 9,5 x 1,2"; puedes usar cualquier tamaño hasta este tamaño.
j) Pincha la base de la masa 30 veces con un tenedor. No del todo, solo haz un ligero pinchazo en la superficie.
k) Enfríe la masa en un molde para tarta durante 30 minutos.

43. Cáscaras De Tarta De Queso Crema

Porciones: 24

Ingredientes
- 3 onzas de queso crema, ablandado
- ½ taza de mantequilla, ablandada
- 1 taza de harina para todo uso

Direcciones
a) Licúa el queso crema y la mantequilla o margarina. Agregue la harina hasta que se mezcle. Enfríe aproximadamente 1 hora. Esto se puede preparar con anticipación y enfriar hasta por 24 horas.
b) Precaliente el horno a 325 grados F (165 grados C).
c) Forme 24 bolas de una pulgada con la masa y presione en moldes para muffins de 1 1/2 pulgadas sin engrasar (tamaño mini-muffin) para formar una cáscara poco profunda. Rellena con tu relleno favorito y hornea por 20 minutos, o hasta que la corteza esté ligeramente dorada.

44. Cáscaras de tartaleta de nueces

Ingredientes
- 2 tazas de harina para todo uso, y más para extender la masa
- 1/4 cucharadita de sal
- 1/2 taza de nueces
- 3/4 taza (1 1/2 barra) de mantequilla sin sal, fría y cortada en trozos pequeños

Direcciones

a) Coloque la harina, la sal y las nueces en el bol de un procesador de alimentos. Pulsa hasta que las nueces estén pequeñas, pero no finas. Agregue la mantequilla y presione hasta que la mezcla parezca guisantes pequeños, aproximadamente 15 segundos.

b) Con la máquina en funcionamiento, agregue 1/4 taza de agua helada a través del tubo de alimentación. Pulsa hasta que la masa comience a unirse cuando la presionas con los dedos. Si se desmorona, agregue hasta 2 cucharadas más de agua, 1 cucharada a la vez.

c) Forme una bola con la masa. Aplanar hasta formar un disco y envolver en plástico. Transfiera al refrigerador y enfríe al menos 1 hora.

d) Coloque veinticuatro moldes para tartaletas de 2 pulgadas en una bandeja para hornear. Espolvoree ligeramente una superficie de trabajo limpia con harina. Estire la masa hasta que tenga un grosor de 1/8 de pulgada. Con un cuchillo de cocina, corte la masa en veinticuatro cuadrados un poco más grandes que los moldes. Presione la masa en moldes y recorte la masa que sobresalga. Coloque un segundo molde para tartaletas encima de cada molde forrado, pesando la masa. Enfriar 30 minutos más.

e) Calienta el horno a 375 grados. Hornee las conchas hasta que estén ligeramente doradas en los bordes, aproximadamente 10 minutos. Retire los moldes superiores y continúe horneando hasta que esté bien cocido y dorado por completo, de 12 a 15 minutos más. Retire las cáscaras y transfiéralas a rejillas para que se enfríen. Guarde las conchas en un recipiente hermético hasta por 3 días.

45. Conchas de tarta filo

PORCIONES: 12

Ingredientes
- 1 paquete de masa filo congelada (1 rollo) descongelada
- 1/2 barra de mantequilla, derretida

Direcciones
a) Precalienta el horno a 375.
b) Coloque la masa filo sobre una tabla de cortar. Usa una rueda de pizza para cortarla en seis cuadrados. Cubrir con una toalla de papel húmeda (casi seca).
c) Unte el interior de dos moldes para muffins con mantequilla derretida.
d) Descubre 1 pila de cuadrados. Unte una hoja con mantequilla derretida y colóquela en un molde para muffins y déle palmaditas. Repita esto con cinco hojas. Continúe hasta llenar todos los moldes para muffins.
e) Hornee en un horno a 375 grados durante 8 minutos o hasta que estén dorados.

46. Corteza de tarta de mantequilla

RENDIMIENTO: UNA CORTEZA DE TARTA DE 10 PULGADAS

Ingredientes
para la masa
- 12 cucharadas (168 gramos) de mantequilla fría, cortada en cubitos
- ⅔ taza (75 gramos) de azúcar en polvo
- 2 yemas de huevo
- 2 tazas (240 gramos) de harina para todo uso

Para el huevo batido (opcional)
- 1 huevo
- 1 cucharada de agua

Direcciones
a) Coloque la mantequilla, el azúcar glass y las yemas de huevo en el bol de un procesador de alimentos equipado con cuchilla.
b) Pulse hasta que esté combinado pero aún salpicado de mantequilla.
c) Agrega la harina y haz funcionar la máquina hasta que la masa se una cuando la pellizcas entre los dedos.
d) Coloque la masa sobre un trozo grande de pergamino, amase unas cuantas veces para unirlo todo y déle palmaditas en forma de disco.
e) Envuélvalo bien en el pergamino y déjelo enfriar durante aproximadamente media hora.
f) Precalienta el horno a 350°F con una rejilla en el centro.
g) Saca la masa del frigorífico y déjala reposar sobre la encimera durante 15 minutos.
h) Espolvorea un poco de harina sobre tu superficie de trabajo y sobre la superficie de la masa. Extienda la masa con un rodillo hasta formar un círculo de aproximadamente 12 pulgadas.

i) Transfiera la masa con mucho cuidado a un molde para tartas de 10 pulgadas con fondo removible, presionando ligeramente la masa para que quede cómodamente contra el fondo y los lados del molde. Pinche todo el fondo de la cáscara con un tenedor. Coloque todo en una bandeja para hornear.

j) Coloca un trozo de papel pergamino sobre la cáscara, asegurándote de cubrir los bordes. Extienda abundantes frijoles secos o pesas para pastel sobre el pergamino, cubriendo todo el fondo de la base de la tarta.

k) Hornee de esta manera durante 15 minutos, luego retire el pergamino y los frijoles.

l) Si desea lavar la tarta con huevo, bata el huevo y el agua con un tenedor en un tazón pequeño. Cepille la cáscara con un poco de huevo batido. (Te sobrará mucho y, si quieres, puedes usarlo para hacer huevos revueltos).

m) Regrese la cáscara al horno durante al menos 10 minutos más. Si va a utilizar un relleno completamente cocido, hornee hasta que la cáscara esté completamente cocida, probablemente unos 15 minutos. Si los bordes empiezan a colorearse demasiado, puedes cubrirlos ligeramente con papel de aluminio. Si vas a cocinar el relleno dentro del caparazón, agrégalo después de los 10 minutos.

n) Retirar del horno y dejar enfriar completamente antes de rellenar.

47. Masa de tarta sin huevo

PORCIONES: 1 corteza de tarta de 9 o 9,5 pulgadas

Ingredientes
- 1 1/4 taza 175 g de harina para todo uso
- 1/3 taza 40 g de azúcar glass
- 1/4 cucharadita de sal kosher
- 1/2 taza 115 g de mantequilla sin sal, fría y cortada en cubitos
- 1 cucharada 15 ml de leche evaporada
- 2 cucharaditas 10 ml de crema espesa
- 1 cucharadita de 5 ml de extracto puro de vainilla

Direcciones

Hacer la masa:

a) Coloque la harina, el azúcar y la sal en el tazón de un procesador de alimentos, batidora o en un tazón mediano para mezclar; pulsa para combinar.
b) Agregue la mantequilla picada y procese en períodos cortos hasta que la mezcla parezca harina gruesa o pan rallado fino.
c) Con el motor en marcha, agrega la leche evaporada, la crema y la vainilla, y procesa/mezcla/revuelve hasta que la masa forme una bola y se despegue limpiamente de los lados del tazón.
d) A mano: mezcle los ingredientes secos en un tazón grande. Luego, use un cortador de masa o dos cuchillos, corte la mantequilla en la mezcla de harina hasta que la textura se parezca a la harina de maíz gruesa. Y luego, agregue los ingredientes húmedos y mezcle con un tenedor hasta que la masa se una.
e) Coloque la masa sobre una superficie ligeramente enharinada. Reúna la masa y aplánela hasta darle forma de plato. Envuelva en film transparente y refrigere por 1 hora.
f) Sobre una superficie ligeramente enharinada, enrolle la masa. Si la masa está demasiado blanda, vuélvela a meter en el frigorífico.

g) Enharine el rodillo, enrolle la masa sin apretar a su alrededor y luego desenróllela en el molde para tarta.
h) Use sus dedos para cubrirla y golpee suavemente la masa sobre el fondo y los lados del molde para tarta de manera uniforme en lugar de tirarla o estirarla. Sella cualquier grieta en la masa, si es necesario. Recorta el exceso de masa con un cuchillo afilado o con el rodillo pasando sobre el molde para tarta.
i) Con un tenedor pinchamos suavemente la base varias veces. Cubra el molde para tarta con film transparente y colóquelo en el congelador hasta que esté firme, aproximadamente 30 minutos.
j) Precalienta el horno a 400° F (200° C).
k) Cubra la masa de tarta fría con una doble capa de papel pergamino o papel de aluminio. Llene la base con pesas para pastel (o frijoles secos, arroz crudo, monedas de un centavo, etc.). Asegúrate de que estén distribuidos uniformemente por toda la superficie.

Hornear:
l) Hornee a 400° F (200° C) durante 15 a 18 minutos, o hasta que los bordes estén firmes y el papel/papel de aluminio ya no se pegue a la masa. Luego, CON CUIDADO, retira la corteza de tarta del horno. Retire las pesas y el papel.
m) Para hornear parcialmente la base: Después de quitar las pesas, hornee por 5 minutos más.
n) Para hornear completamente la base: después de quitar las pesas, hornee durante unos 10 a 12 minutos más o hasta que esté dorada y crujiente. Transferir a una rejilla y dejar enfriar completamente.
o) Deje que la masa de tarta se enfríe antes de rellenarla; esto ayudará a que la corteza se mantenga crujiente una vez llena.

48. Corteza de tarta de trigo integral

Rendimiento: masa de tarta de 9 pulgadas

Ingredientes
- ¾ taza de margarina
- 1 ½ tazas de harina integral
- ½ cucharadita de sal
- 4 cucharadas de agua helada, o según sea necesario

Direcciones
a) Precalienta el horno a 350 grados F (175 grados C).
b) Coloque la margarina en un tazón para mezclar de acero inoxidable. Mezcle usando una batidora eléctrica equipada con un accesorio de paleta a velocidad baja hasta que esté ligeramente suave. Vierta la harina y la sal; Continúe mezclando a baja velocidad para combinar. Vierta agua con hielo gradualmente hasta que se forme una masa.
c) Divida la masa por la mitad. Envuelva una porción de masa en plástico y refrigere para su uso posterior. Extienda la otra porción de masa sobre una superficie ligeramente enharinada con un rodillo ligeramente enharinado. Moldee en un molde para tarta de 9 pulgadas. Pinche la base de masa uniformemente con un tenedor.
d) Hornee en el horno precalentado hasta que la masa esté ligeramente dorada, de 10 a 15 minutos.

49. Tarta de trufa con salsa espresso

Rinde: 1 porciones

Ingrediente
- 1½ taza de migas de oblea de chocolate
- 6 cucharadas de mantequilla dulce
- Relleno:
- 12 onzas de chocolate semidulce
- ½ taza de crema espesa
- 1 barra de mantequilla dulce,
- Cortar en trocitos y ablandar
- 2 cucharadas de licor Kahlua
- 1 pizca de sal

Salsa:
- ½ taza de crema para batir
- 4 cucharadas de azúcar
- ¼ taza de mantequilla
- 1 cucharadita de Expresso finamente molido
- 1 cucharadita de café

Direcciones

a) Triture o muele las obleas finas de chocolate en un procesador de alimentos. Derrita la mantequilla y mezcle hasta obtener migajas. Colocar en un molde para tarta o pastel. Enfríe hasta que esté firme antes de rellenar o hornee a 300 grados durante 15 minutos, enfríe y rellene.

b) Relleno: En una cacerola grande combine el chocolate, la crema, la mantequilla y el Kahlua y caliente la mezcla a fuego moderadamente bajo, revolviendo hasta que quede suave. Retirar del fuego, dejar enfriar durante 30 minutos a temperatura ambiente.

c) Vierta en la base de tarta enfriada y refrigere durante al menos 3 horas.

d) Salsa: En una cacerola, combine la crema, el azúcar y la mantequilla. Cocine a fuego lento, revolviendo frecuentemente, hasta que la mezcla hierva. Hervir durante 5 minutos, revolviendo ocasionalmente. Alejar del calor. Agregue el café molido.

e) Para servir, vierta una cantidad moderada de salsa tibia en un plato con borde. Cubra con un trozo de tarta.

50. Tarta de chocolate amargo con corteza de jengibre

Rinde 10 porciones

Corteza:
- 8 onzas de galletas de jengibre (unas 32 galletas), partidas en trozos grandes 1/4 taza (1/2 barra) de mantequilla salada, derretida

Relleno:
- 12 onzas de chocolate agridulce, finamente picado
- 1 taza de crema para batir espesa
- 2 yemas de huevo grandes
- 1 huevo grande
- 1/4 taza de azúcar
- 1 cucharada de harina para todo uso
- 1/8 cucharadita de pimienta negra recién molida
- Pizca de sal
- 1/4 cucharadita de canela
- Crema ligeramente batida, para servir

Direcciones

Para la corteza:

a) Precalienta el horno a 325°F. Muele finamente las galletas de jengibre en el procesador (rinde de 1 1/2 a 1 2/3 tazas). Agregue la mantequilla derretida y procese hasta que se humedezca. Presione firmemente la mezcla de migas sobre el fondo y los lados superiores de un molde para tarta de 9 pulgadas de diámetro con fondo removible. Coloque el molde sobre una bandeja para hornear con borde.

Para rellenar:

b) Combine el chocolate agridulce finamente picado y la crema batida espesa en una cacerola mediana y pesada. Batir a fuego lento hasta que el chocolate se derrita y quede suave. Retire la cacerola del fuego. Batir las yemas, el huevo, el azúcar, la harina, la pimienta negra molida, la sal y la canela en un tazón mediano para mezclar. Batir muy gradualmente la mezcla de chocolate con la mezcla de huevo hasta que quede suave y mezclada. Vierta el relleno de chocolate en la base.

c) Hornee la tarta de chocolate hasta que el relleno se hinche ligeramente en los bordes y el centro esté suave, aproximadamente 30 minutos. Transfiera a la rejilla. Enfríe la tarta en el molde durante 20 minutos. Retire con cuidado los lados del molde para tarta y enfríe la tarta por completo.

d) Corta la tarta en trozos finos y sírvela con crema batida suavemente. Yo lo dejaría sin azúcar, pero eso es sólo un gusto personal.

51. Tarta de brownie de chocolate

Rinde: 10 porciones

Ingrediente
- 1 taza de harina (para todo uso)
- ¼ taza de azúcar moreno claro bien compactado
- 1 onza de chocolate; sin azúcar, rallado
- ½ taza de Mantequilla; cortado en trozos de 1/2 pulgada, bien frío
- 2 cucharadas de leche
- 1 cucharadita de vainilla
- 3 onzas de chocolate sin azúcar
- 3 onzas de chocolate semidulce
- ½ taza de Mantequilla; temperatura ambiente, cortado en trozos
- 1½ taza de azúcar
- 3 huevos; batido para mezclar
- 2 cucharaditas de vainilla
- ½ taza de nueces picadas
- ¾ taza de harina para todo uso
- 4 onzas de chocolate semidulce; Derretido
- ¼ de mantequilla; temperatura ambiente
- 2 cucharaditas de aceite vegetal

Direcciones
Para Pastelería:

a) Combine la harina, el azúcar moreno y el chocolate rallado en un tazón grande. Agregue la mantequilla hasta que la mezcla parezca una harina gruesa. Incorpora la leche y la vainilla con un tenedor hasta que se mezclen. Coloque la masa en el fondo y los lados de un molde para tarta de 11 pulgadas y enharine las yemas de los dedos según sea necesario si la mezcla se vuelve demasiado pegajosa.

Para rellenar:
b) Precalentar el horno a 350 grados. Derrita los chocolates a baño maría sobre agua caliente. Retire del fuego y agregue la mantequilla una pieza a la vez.
c) Transfiera la mezcla a un tazón grande. Agrega el azúcar y mezcla bien; La mezcla será granular. Agregue los huevos batidos, un tercio a la vez, mezclando bien después de cada adición. Incorpora la vainilla. Agrega las nueces picadas. Agregue gradualmente la harina, mezclando bien después de cada adición. Vierta sobre la base de hojaldre.
d) Hornee hasta que el centro esté listo y al insertar un probador en el centro éste salga limpio, de 20 a 25 minutos. Deje que la tarta se enfríe sobre una rejilla.

Para la formación de hielo:
e) Combine el chocolate, la mantequilla y el aceite en un tazón grande y mezcle hasta que quede suave. Deje enfriar hasta obtener una consistencia untable, batiendo ocasionalmente. Unte el glaseado sobre la tarta. Dejar reposar hasta que se endurezca el glaseado. Cortar en trozos para servir.

52. Tartas de mantequilla de chocolate

Rinde: 12 tartas

Ingrediente
- 3 pies cuadrados. chocolate agridulce
- 12 medicamentos sin hornear. cáscaras de tarta
- $\frac{3}{4}$ taza de azúcar moreno ligeramente compactado
- $\frac{1}{4}$ taza de jarabe de maíz
- 1 huevo
- 2 cucharadas de Mantequilla; suavizado
- 1 cucharadita de vainilla
- 1 cucharadita de vinagre
- pizca de sal
- 1 metro cuadrado. chocolate agridulce derretido

Direcciones
a) Pica cada uno de los tres cuadrados de chocolate en 16 trozos.
b) Coloque 4 trozos en el fondo de cada base de tarta. Batir el azúcar moreno, el jarabe de maíz, el huevo, la mantequilla, la vainilla, el vinagre y la sal. Vierta en las bases de tarta, llenando hasta las tres cuartas partes de su capacidad.
c) Hornee a 450 grados durante 12 a 14 minutos, o hasta que el relleno esté inflado y burbujeante y la masa esté ligeramente dorada. Dejar enfriar sobre rejillas.
d) Rocíe con chocolate derretido.

53. Mini tartaletas de chocolate y coco

Rinde: 36 porciones

Ingrediente
- 1 lata (14oz) de leche condensada azucarada
- 2 cucharadas de licor de avellanas o agua
- 2 cucharadas de agua
- 1 paquete de chocolate instantáneo

mezcla de pudín
- 1 paquete (13 3/4 oz) de macarrones blandos
- 1 taza de nueces pecanas finamente picadas
- 2 cucharadas de cacao en polvo sin azúcar
- ⅔ taza de crema para batir

cortezas de coco
- Coco tostado, opcional.
- Crema batida, opcional
- ⅓ taza de mantequilla o margarina, derretida

Direcciones

a) Combine leche condensada azucarada, licor o agua y agua. Agrega la mezcla para pudín y el cacao en polvo. Batir hasta que quede suave.

b) Cubra y enfríe durante 5 minutos. Batir ⅔ de taza de crema para batir hasta obtener picos suaves; incorporar a la mezcla de chocolate. Montar en cortezas de coco. Enfriar de 2 a 24 horas.

c) Adorne con crema batida adicional y coco tostado si lo desea.

Cortezas de coco:

d) Mezcle los macarrones, las nueces y la mantequilla. Presione 1 cucharada de la mezcla en el fondo y los lados superiores de 36 moldes para muffins de $1\frac{3}{4}$" bien engrasados. Hornee en un horno a 375 grados durante 8 a 10 minutos o hasta que los bordes estén dorados. Deje enfriar sobre una rejilla.

e) Aflojar; retirar de las tazas.

54. Tarta de chocolate y avellanas

Rinde: 8 porciones

Ingrediente
- 3 cucharadas de cacao en polvo
- ¼ de taza) de azúcar
- 4 cucharadas de mantequilla
- 1 huevo
- 4 onzas de chocolate agridulce o semidulce
- 1/4 cucharadita de bicarbonato de sodio
- 4 cucharadas de mantequilla
- 1 taza de jarabe de maíz oscuro
- ½ taza de azúcar
- 3 huevos
- 2 cucharadas de ron oscuro

masa de chocolate
- 1 taza para todo uso sin blanquear
- Pizca de sal

Relleno
- 2 tazas de avellanas enteras

Direcciones
a) Tamizar los ingredientes secos tres veces.
b) Frote la mantequilla y humedezca con el huevo.
c) Forme un disco, envuélvalo y refrigere. Cocinar el relleno de chocolate y avellanas.
d) Coloque las avellanas en una bandeja para hornear y tueste a 350 grados F hasta que la piel se suelte y se desprenda fácilmente, aproximadamente 10 minutos. Frote las avellanas con una toalla para quitarles la piel.
e) Picar las avellanas en trozos grandes, a mano o con un robot de cocina. Combina el chocolate con la mantequilla en un tazón pequeño. Lleve una cacerola pequeña con agua a fuego lento y apague el fuego.

f) Coloque el tazón de chocolate y mantequilla sobre el agua caliente y revuelva para que se derrita. Combine el jarabe de maíz y el azúcar en una cacerola pequeña. Llevar a ebullición completa a fuego medio.
g) Retire del fuego y agregue la mezcla de chocolate. Batir los huevos y la sal con el ron opcional. Incorpora la mezcla de chocolate, teniendo cuidado de no batir demasiado. Montaje.
h) Enharine ligeramente la superficie de trabajo y la masa. Enrolle la masa hasta formar un disco de 14 pulgadas de diámetro y $\frac{1}{8}$ de pulgada de espesor.
i) Forre un molde para tarta de 10 pulgadas con la masa, recortando el exceso.
j) Agrega las avellanas picadas al relleno y vierte el relleno en la sartén. Horneando. Hornee a 350 grados F hasta que el relleno esté listo y la corteza esté bien horneada, aproximadamente 40 minutos. Tenencia. Guarde la tarta a temperatura ambiente hasta por 2 días.

55. Tarta de chocolate y nueces con mascarpone

Rinde: 1 porciones

Ingrediente
- 1 taza de harina para todo uso
- ¾ taza de azúcar granulada
- ½ cucharadita de sal
- 1 taza de cacao en polvo alcalinizado sin azúcar
- 6 onzas de mantequilla fría sin sal cortada en trozos de 1/2 pulgada
- 4 yemas de huevo grandes
- 6 onzas de chocolate agridulce; picado muy fino
- 1 taza de crema agria
- 1 taza de crema espesa
- ½ taza de azúcar granulada; dividido
- 2 huevos grandes
- 4 yemas de huevo grandes
- 2 cucharaditas de maicena
- 8 onzas de queso mascarpone
- ¾ taza de crema espesa
- 4 onzas de puré de castañas
- ½ taza de azúcar glass
- 1 cucharadita de extracto de vainilla

Direcciones
a) En un procesador de alimentos equipado con una cuchilla para picar de metal, combine la harina, el azúcar, la sal y el cacao en polvo. Pulse la máquina de ocho a nueve veces para mezclar. Esparza la mantequilla sobre la mezcla de harina y presione la máquina hasta que la mantequilla se incorpore a la harina y la mezcla parezca harina gruesa.
b) Agrega las yemas y continúa procesando en pulsos de encendido/apagado solo hasta que la mezcla se incorpore uniformemente y las partículas comiencen a mantenerse

unidas. Raspa la masa sobre una superficie de trabajo y dale forma de bola. Aplánelo formando un disco y envuélvalo en film transparente. Enfriar 1 hora.
c) Coloque una rejilla en el centro del horno y precaliente a 350 grados F.
d) Retire el disco enfriado del frigorífico. Coloque la masa entre dos trozos de plástico y enrolle la masa formando una ronda pequeña. Levante y gire la masa un cuarto de vuelta después de cada rollo. Continúe enrollando hasta que el círculo mida aproximadamente 14 pulgadas de diámetro y aproximadamente $\frac{1}{8}$ de pulgada de grosor. Retire la capa superior de envoltura de plástico.
e) Enrolle con cuidado la masa alrededor del rodillo y transfiérala a un molde para tarta estriado de 12 pulgadas con fondo removible. Desenrolla la masa en la sartén. Levante los bordes de la masa y presione suavemente la masa hacia el fondo y los lados del molde. Recorta el exceso de masa. Refrigere la masa durante 20 a 30 minutos, hasta que esté firme.
f) Hornee la base de la tarta de 20 a 30 minutos o hasta que cuaje. Colocar sobre una rejilla y dejar enfriar por completo.

Hacer la crema de chocolate:
g) Coloca el chocolate picado en un tazón mediano y reserva.
h) En una cacerola mediana no corrosiva, hierva la crema agria, la crema espesa y $\frac{1}{4}$ de taza de azúcar a fuego medio-alto.
i) En un tazón grande, con una batidora eléctrica de mano, bata los huevos, las yemas, la maicena y el $\frac{1}{4}$ de taza de azúcar restante a velocidad media hasta que estén pálidos. Batir un tercio de la mezcla de crema caliente con la mezcla de huevo y devolver toda la mezcla a la sartén.
j) Cocine a fuego medio-alto mientras revuelve constantemente con un batidor durante 3 a 5 minutos o

hasta que espese. Vierta la mezcla espesa sobre el chocolate reservado y bata hasta incorporar.

k) Incorpora la mezcla a la base preparada y alisa la parte superior con una espátula de goma. Enfriar en el frigorífico durante 2 horas.

Prepara la cobertura de chocolate y mascarpone:

l) En un tazón de $4\frac{1}{2}$ cuartos de una batidora eléctrica resistente, usando el accesorio para batir de alambre, combine el mascarpone, la crema espesa, el puré de castañas, el azúcar glas y la vainilla.

m) Batir a velocidad media-alta hasta que se formen picos suaves. Coloque la mezcla en una manga pastelera provista de una punta de estrella mediana y coloque en forma de concha cubriendo la parte superior de la tarta fría.

n) Refrigere la tarta durante 1 hora antes de servir.

56. Tartas miniatura de chocolate

Rinde: 50 porciones

Ingrediente
- 2¼ taza de harina para todo uso
- ¾ taza de margarina
- ⅓ taza de azúcar glas
- ⅔ taza de chispas de chocolate semidulce
- 2 cucharadas de margarina
- ½ taza de azúcar
- ½ taza de jarabe de maíz
- 2 huevos
- ¼ de taza de nueces pecanas, picadas
- 1 taza de coco seco

Direcciones
a) Mezcla la harina, ¾ de taza de margarina y el azúcar glass. Presione aproximadamente 1 cucharadita de masa de manera uniforme contra el fondo y los lados de pequeños moldes para muffins sin engrasar.
b) Derrita las chispas de chocolate y 2 cucharadas de margarina a baño maría sobre agua hirviendo hasta que las chispas y la margarina se derritan; Retírelo del calor. Incorpora el azúcar y el almíbar; batir los huevos.
c) Vierta de 1 a 2 cucharaditas de la mezcla de chocolate en cada base de tarta, llénela solo hasta ¾ de su capacidad.
d) Espolvorea con nueces y coco. Hornee en horno precalentado a 350 grados durante 20 a 25 minutos.
e) Dejar enfriar unos minutos. Retirar con cuidado de los moldes para muffins con la punta de un cuchillo. Dejar enfriar por completo. Cubra con crema batida endulzada si lo desea.

57. Tarta de trufa de chocolate con frambuesas

Rinde: 6 porciones

Ingrediente
- 1 taza de harina, para todo uso
- ½ taza de azúcar granulada
- ½ taza de cacao en polvo
- 3 onzas de mantequilla; enfriado
- 1 huevo
- 6 onzas de chocolate semidulce; Cortado
- 2 tazas de crema para batir
- 3-4 tazas de frambuesas

Direcciones

a) HOJA DE CHOCOLATE: Combine la harina, el azúcar y el cacao en un tazón de trabajo de un procesador de alimentos. Pulse 2 o 3 veces para airear. Picar la mantequilla en trozos y distribuir sobre la harina. Procese hasta que la mezcla vuelva a formar una harina gruesa, NO procese demasiado. Con el motor en marcha, introduzca el huevo entero a través del tubo de alimentación. Procese muy brevemente; no deje que la masa se junte o la masa quedará dura. Retirar la masa del bol de trabajo y reservar a temperatura ambiente hasta que esté hecho el relleno.

b) RELLENO DE TRUFA: Colocar el chocolate picado en un bol mediano, llevar la nata a hervir a fuego medio-alto. Vierte sobre el chocolate y bate hasta que se derrita todo el chocolate. Cubra con film transparente y refrigere hasta que cuaje. Precalienta el horno a 375F. Trabaje la masa de chocolate con las manos y presiónela en un molde para tarta de 8" o (" con fondo removible; trate de obtener un espesor uniforme. Enfríe durante 20 minutos. Pinche el fondo de la masa con un tenedor. Hornee en horno precalentado durante 20 a 25 minutos Deje enfriar completamente.

c) MONTAJE: Retire la tarta con cuidado del molde y colóquela en una fuente. Vierta sobre el tubo el relleno de trufa en la cáscara y alise la superficie. Coloca las frambuesas encima en círculos concéntricos.

d) Sirva a temperatura ambiente para obtener el máximo sabor.

58. Tarta linzer de arándanos y chocolate blanco

Rendimiento: 1 porción

Ingrediente
- 2½ taza de arándanos; fresco o previamente congelado y descongelado
- ¼ taza de jugo de naranja fresco
- ½ taza de azúcar
- 1 taza de almendras blanqueadas molidas
- 1⅔ taza de harina para todo uso sin blanquear
- ½ taza de azúcar
- ½ cucharadita de polvo para hornear
- 1 cucharadita de canela molida
- ¼ cucharadita de maza molida
- ½ libra de mantequilla fría sin sal; cortar en 16 pedazos
- 1 huevo grande
- 1 yema de huevo grande
- 1 cucharadita de extracto de vainilla
- 6 onzas de chocolate blanco; Cortado
- Azúcar en polvo; para quitar el polvo

Direcciones

a) Cocine los arándanos, el jugo de naranja y el azúcar en una cacerola mediana a fuego medio hasta que la mezcla hierva.

b) Reduzca el fuego a medio-bajo y cocine a fuego lento, revolviendo ocasionalmente, hasta que el líquido se vuelva espeso y almibarado, aproximadamente 10 minutos. La mezcla de arándanos tendrá una consistencia parecida a la de una mermelada. Deje enfriar completamente, aproximadamente 30 minutos. La mezcla se espesará hasta convertirse en una mermelada firme cuando se enfríe.

c) Coloque una rejilla en el medio del horno y precaliente el horno a 350 grados. Unte con mantequilla un molde desmontable de 9 pulgadas.

d) En el tazón de una batidora eléctrica combine las almendras, la harina, el azúcar, el polvo para hornear, la canela y la macis. Mezcle a velocidad baja solo para mezclar los ingredientes, aproximadamente 10 segundos. Agregue la mantequilla y mezcle hasta que la mayoría de los trozos de mantequilla tengan el tamaño de guisantes, aproximadamente 1 minuto. La mezcla se verá quebradiza y las migas variarán de tamaño.

e) Con la batidora en marcha, agrega el huevo, la yema y la vainilla. Mezcle hasta que la mezcla se pegue y se separe de los lados del tazón, aproximadamente 30 segundos. Reserva 1 taza de la mezcla para la cobertura del enrejado y refrigérala mientras preparas la base.

f) Presione la masa restante de manera uniforme sobre el fondo y $1\frac{1}{4}$ pulgadas hacia arriba en los lados del molde preparado. Espolvorea el chocolate blanco uniformemente sobre la base. Utilice una espátula de metal fina para esparcir uniformemente la mezcla de arándanos enfriada sobre el chocolate blanco.

g) Saca la masa reservada del frigorífico. Usando aproximadamente 2 cucharadas de masa para las cuerdas más largas y menos para las más cortas, enrolle trozos de masa hacia adelante y hacia atrás para formar cuerdas de masa de aproximadamente $\frac{1}{2}$ pulgada de diámetro. Si las cuerdas se rompen, vuelva a juntarlas.

h) Coloque una cuerda de 9 pulgadas de largo en el centro de la tarta. Con una separación de aproximadamente 2 pulgadas entre las cuerdas, coloque una cuerda de aproximadamente 8 pulgadas de largo a cada lado de la cuerda central. Coloque una cuerda de aproximadamente 4 $\frac{1}{2}$ pulgadas de largo cerca de cada extremo de la tarta. Tendrás 5 hilos de masa en la parte superior de la tarta.

i) Gire el molde para tarta media vuelta y coloque 5 cuerdas más uniformemente sobre la parte superior de la tarta para formar un patrón de celosía. Hornea la tarta hasta que la parte superior esté dorada, aproximadamente 1 hora. Enfríe bien la tarta en la sartén. Espolvorea con azúcar glass antes de servir.

59. Tarta de crema de doble chocolate

Rinde: 12 porciones

Ingrediente
- 1 taza de harina para todo uso; dividido
- ¼ taza de agua helada
- 1 cucharada de vainilla; dividido
- ¾ taza de cacao proceso holandés o sin azúcar; dividido
- 2 cucharadas de azúcar
- ¼ cucharadita de sal
- ¼ taza de manteca vegetal
- Spray para cocinar
- 1 lata (14 oz) de leche condensada azucarada sin grasa
- 6 onzas de queso crema con 1/3 menos de grasa; suavizado
- 1 huevo grande
- 1 clara de huevo grande
- 1½ taza de cobertura batida congelada reducida en calorías; descongelado
- 1 onza de chocolate semidulce; picado muy fino

Direcciones
a) Precalienta el horno a 350°. Combine ¼ de taza de harina, agua helada y 1 cucharadita de vainilla, revolviendo con un batidor hasta que estén bien mezclados; dejar de lado.
b) Combine ¾ de taza de harina, ¼ de taza de cacao, azúcar y sal en un tazón; corte la manteca con una batidora de repostería o 2 cuchillos hasta que la mezcla parezca una harina gruesa. Agrega la mezcla de agua helada; mezcle con un tenedor hasta que esté húmedo y desmenuzable (no forme una bola).
c) Presione suavemente la mezcla hasta formar un círculo de 4 pulgadas sobre una envoltura de plástico resistente; cúbralo con una envoltura de plástico adicional. Enrolle la masa, aún cubierta, formando un círculo de 13 pulgadas. Coloque la

masa en el congelador durante 30 minutos o hasta que la envoltura plástica se pueda quitar fácilmente.

d) Retire la hoja superior de plástico; Coloque la masa, con el lado descubierto hacia abajo, en un molde para tarta redondo de fondo removible de 10 pulgadas cubierto con aceite en aerosol. Retire la hoja restante de envoltura de plástico. Doblar los bordes.

e) Perfore el fondo y los lados de la masa con un tenedor; hornee a 350° durante 4 minutos. Dejar enfriar sobre una rejilla. Coloque el molde para tarta en una bandeja para hornear; dejar de lado.

f) Batir $\frac{1}{2}$ taza de cacao y leche a velocidad media con una batidora hasta que se mezclen. Agrega el queso; Golpea bien. Agrega 2 cucharaditas de vainilla, huevo y clara de huevo; batir hasta que quede suave. Vierta la mezcla en la base; hornee a 350° durante 25 minutos o hasta que cuaje.

g) Unte la cobertura batida sobre la tarta; espolvorear con chocolate picado.

60. Tarta de chocolate dulce

Rinde: 12 porciones

Ingrediente

- 8 onzas de chocolate agridulce; roto en pedazos
- ⅓ taza de margarina o mantequilla
- 2 huevos grandes; a temperatura ambiente
- 1 cucharadita de extracto de vainilla
- ⅓ taza de azúcar granulada
- ¾ taza de harina para todo uso
- ¼ cucharadita de sal
- 4 onzas de queso mascarpone; a temperatura ambiente

Direcciones
a) Deliciosamente rico, este postre festivo tiene una textura similar a la de un brownie acentuada con queso mascarpone dulce y cremoso.
b) Precalentar el horno a 350 grados. Engrase un molde para tarta de 9 pulgadas con fondo removible; dejar de lado.
c) En una cacerola pequeña y pesada, derrita el chocolate y la margarina a fuego lento, revolviendo con frecuencia. Alejar del calor.
d) En un tazón mediano, bate los huevos y la vainilla con una batidora eléctrica a velocidad media durante 30 segundos. Incorpora poco a poco el azúcar; batir 1 minuto. Incorpora la mezcla de chocolate, raspando los lados del tazón una vez. Incorpora la harina y la sal a velocidad baja hasta que se mezclen. Extienda la masa uniformemente en el molde preparado.
e) Pon el queso en un tazón pequeño y revuelve bien con un tenedor. Deje caer una cucharadita al azar sobre la superficie de la masa de chocolate. Con un cuchillo afilado, mezcle la mezcla de queso con la mezcla de chocolate para crear un efecto veteado.
f) Hornee hasta que el centro esté listo, de 20 a 25 minutos. Retire el molde a una rejilla y déjelo enfriar por completo. Cubra la tarta con papel film; colóquelo en una bolsa plástica grande para congelar y congélelo hasta por 6 semanas antes de servir.
g) PARA SERVIR: Descongele la tarta completamente a temperatura ambiente. Retirar del molde para tarta.
h) Cortar en gajos y servir.

61. Tarta de frutas frescas y chocolate

Rinde: 8 porciones

Ingrediente
- 1¼ taza de harina
- 4 onzas de mantequilla en barra; suavizado
- 3 cucharadas de azúcar
- 1 cucharadita de extracto de vainilla
- ¼ taza de pecanas o nueces finamente picadas
- 1 taza de chispas de chocolate con leche
- ⅓ taza de crema agria
- Fruta fresca de temporada
- 3 cucharadas (a 4) de albaricoque o sin semillas
- Mermelada de frambuesa

Direcciones
a) Precalienta el horno a 400°F. Para hacer la base, en un tazón mediano, combine la harina, la mantequilla, el azúcar, ½ cucharadita de vainilla y las nueces. Licue con un tenedor hasta que la mezcla parezca migajas finas. Amasar hasta que la masa se mantenga unida.

b) Presione la masa firme y uniformemente sobre el fondo y los lados superiores de un molde para tarta de metal estriado de 9½ pulgadas con fondo removible.

c) Hornee de 14 a 16 minutos o hasta que estén dorados. Dejar enfriar.

d) Para preparar el relleno, en una taza medidora de vidrio de 2 tazas, caliente las chispas de chocolate en el microondas a temperatura alta aproximadamente 1 minuto, o hasta que se derrita por completo y quede suave al revolverla. Agregue la crema agria y la ½ cucharadita de vainilla restante.

e) Extienda el relleno uniformemente sobre la base enfriada. Refrigere de 2 a 3 horas o toda la noche.

f) Aproximadamente 1 hora antes de servir, corte los duraznos, las nectarinas, el kiwi o el melón en rodajas o medias lunas; escurra la fruta sobre toallas de papel si está muy jugosa. Colóquelos en círculos concéntricos u otro diseño sobre el relleno de chocolate.

g) Rellénelo con uvas y bayas hasta que la parte superior esté completamente cubierta con fruta. Calienta la mermelada en el microondas o a fuego lento hasta que se derrita. Unte la mermelada sobre la fruta. Refrigera hasta el momento de servir.

h) Justo antes de servir, retire los lados del molde y coloque la tarta en una fuente para servir.

62. Tarta de chocolate picante

Rinde: 1 porciones
Ingrediente
- 1 taza de harina para todo uso sin blanquear
- 2 cucharadas de cacao en polvo
- ¼ de taza) de azúcar
- 1 pizca de sal
- ½ cucharadita de polvo para hornear
- 4 cucharadas de mantequilla sin sal
- 1 huevo grande
- ⅓ taza de agua
- ⅓ taza de azúcar
- ½ barra de mantequilla sin sal
- 6 onzas de chocolate semidulce
- 3 huevos grandes
- 1 cucharadita de canela molida
- ½ cucharadita de clavo molido

Direcciones
a) Para la masa: Poner en un bol la harina y tamizar encima el cacao en polvo. Agregue el azúcar, la sal y el polvo para hornear. Frote la mantequilla finamente, dejando la mezcla fría y en polvo. Batir el huevo y mezclarlo con la masa. Presione la masa, envuélvala y enfríe.
b) Precaliente el horno a 350 grados y coloque la rejilla en el tercio inferior del horno. Sobre una superficie enharinada, enrolle la masa y forre un molde para tarta de 10 pulgadas untado con mantequilla. Reservar mientras se prepara el relleno.
c) En una cacerola, a fuego medio, hierva el azúcar y el agua. Agrega la mantequilla y continúa calentando para derretir la mantequilla. Fuera del fuego, agregue el chocolate finamente cortado. Batir los huevos con las especias y luego incorporar la mezcla de chocolate. Vierta en la base de la tarta.
d) Hornee durante unos 30 minutos, hasta que esté bien levantado y firme. Dejar enfriar sobre una rejilla.
e) Desmolda la tarta y sirve con crema batida azucarada.

63. Tarta de mousse de chocolate blanco y fresas

Rinde: 8 porciones

Ingrediente
Pastelería:
- 1¾ taza de harina sin blanquear
- ¼ de taza de azúcar moreno claro firmemente compactado
- 2½ cucharadita de cáscara de naranja, rallada
- ⅛ cucharadita de sal
- 1¾ barra de mantequilla sin sal
- 1½ cucharada de jugo de naranja fresco
- 1 yema de huevo
- 1 cucharadita de extracto de vainilla
- 2 onzas de chocolate blanco importado

Mousse:
- 6 onzas de chocolate blanco importado
- ¼ taza de crema espesa
- 1 clara de huevo grande
- 1 cucharada de azúcar
- ½ taza de crema para batir, batida
- 2 cucharadas de Gran Marnier
- 1 fresa grande, con tallos
- 25 fresas grandes, peladas
- ½ taza de mermelada de fresa

Direcciones
a) Para pastelería: mezcle los primeros 4 ingredientes en un tazón grande. Agregue la mantequilla y corte la mezcla hasta que parezca una harina fina. Licuar el jugo de naranja con la yema de huevo y la vainilla. Agregue suficiente mezcla de jugo a los ingredientes secos para formar una bola que se una.
b) Forme una bola con la masa y aplánela hasta formar una ronda de aproximadamente 12 pulgadas.

c) Coloque la rejilla en el centro del horno y precaliente a 375 grados. Extienda la masa entre hojas de plástico hasta obtener un grosor de $\frac{1}{8}$ de pulgada. Recorte hasta obtener un círculo de 11 pulgadas (use un molde para tarta como guía).
d) Retire la envoltura de plástico de la parte superior e inviértala en un molde redondo de resorte de 10 pulgadas con fondo removible. Retire la envoltura de plástico y presione hacia abajo y hacia arriba del molde... doble los bordes superiores.
e) Congelar durante 15 minutos. Cubra la base de la tarta con papel de aluminio y pésela con pesas para pastel o frijoles. Hornee hasta que los lados estén listos, aproximadamente 10 minutos.
f) Retire el papel de aluminio y las pesas. Hornee la masa hasta que esté dorada, aproximadamente de 16 a 20 minutos. Espolvorea dos onzas de chocolate blanco sobre la base caliente. Deje reposar durante aproximadamente 1 minuto.
g) Con el dorso de una cuchara, esparza el chocolate por el fondo y los lados.
h) Transfiera a una rejilla para que se enfríe.

64. Tartas konungens de postre de chocolate sueco

Rinde: 6 porciones

Ingrediente
- 2¼ taza de la mejor harina para todo uso de Pillsbury
- ½ taza de azúcar
- ⅓ taza de cacao
- ½ cucharadita de levadura en polvo de doble acción
- ½ cucharadita de sal
- ¾ taza de mantequilla
- 1 huevo; ligeramente golpeado
- 1 cucharada de Leche -Relleno
- 1 huevo
- ¼ de taza) de azúcar
- ¼ de taza de la mejor harina para todo uso de Pillsbury
- 1 taza de leche
- 1 cucharadita de vainilla francesa
- ½ taza de crema para batir -Para relleno de chocolate---
- 3 cucharadas de cacao
- 3 cucharadas de Azúcar -Glaseado de chocolate---
- 2 cucharadas de Mantequilla; Derretido
- 2 cucharadas de cacao
- ½ taza de azúcar glass
- 1 yema de huevo
- ¼ cucharadita de vainilla francesa

Direcciones
a) HORNEA a 375 grados durante 12 a 15 minutos. PARA 6 a 8 PORCIONES. Tamizar juntos la harina, el azúcar, el cacao, la levadura y la sal. Corta la mantequilla hasta que las partículas tengan el tamaño de guisantes pequeños.
b) Agrega 1 huevo ligeramente batido y 1 cucharada de leche; mezcle con un tenedor o una batidora de repostería. Colóquelo en una bandeja para hornear grande sin engrasar.

c) Extiéndalo sobre una bandeja para hornear con un rodillo enharinado hasta formar un rectángulo de 15 x 11 pulgadas.
d) Recorta los bordes con un cuchillo o una rueda de repostería. Córtelo en tres rectángulos de 11 x 5 pulgadas. Hornee en horno moderado (375 grados) de 12 a 15 minutos. No dorar. Deje enfriar en una bandeja para hornear. Aflojar con cuidado con una espátula. Apile las capas encima del cartón cubierto con papel de aluminio, extendiendo el relleno entre las capas hasta $\frac{1}{4}$ de pulgada del borde.
e) Parte superior helada. si lo deseas, decora con almendras tostadas y fileteadas. Enfríe hasta que se haya endurecido el glaseado.
f) Envuélvalo sin apretar en papel de aluminio (o papel encerado); enfriar durante la noche.
g) Relleno: (Vainilla o Chocolate) Batir 1 huevo hasta que esté suave y esponjoso.
h) Agregue poco a poco el azúcar, batiendo constantemente hasta que esté espeso y ligero. Incorpora la harina. Añade poco a poco la leche escaldada al baño maría.
i) Regrese la mezcla a baño maría. Cocine sobre agua hirviendo, revolviendo constantemente, hasta que esté espeso y suave. Agrega la vainilla; Frío. Batir $\frac{1}{2}$ taza de crema para batir hasta que espese e incorporar al relleno. Para el relleno de chocolate, sustituya la siguiente crema batida de chocolate por la crema batida natural: combine $\frac{1}{2}$ taza de crema batida, cacao y azúcar. Batir hasta que espese.
j) Glaseado de chocolate: Combine la mantequilla derretida, el cacao, el azúcar glass, la yema de huevo y la vainilla. Batir hasta que quede suave.

65. Tarta de crema de plátano y chocolate blanco

Rinde: 8 porciones

Ingrediente
- ½ taza (1 barra) de mantequilla sin sal, temperatura ambiente
- 6 cucharadas de azúcar
- 1 huevo grande
- 1 taza más 6 cucharadas de harina para todo uso
- 3 yemas de huevo grandes
- 2 cucharadas de azúcar
- 2 cucharadas de maicena
- 1 taza de leche
- ½ vaina de vainilla, partida a lo largo
- 3 onzas de chocolate blanco importado finamente picado
- 1 cucharada de mantequilla sin sal
- ½ taza de crema para batir fría
- 3 plátanos, pelados
- 1½ cucharada de licor de plátano
- 1 cucharada de jugo de limón fresco
- 4 onzas de chocolate blanco importado, rallado con pelador de verduras

Direcciones

a) PARA PASTELERÍA: Con una batidora eléctrica, bata la mantequilla y el azúcar en un tazón grande hasta que estén combinados. Agrega el huevo; batir hasta que se mezclen. Agrega la harina y bate 2 minutos. Forme una bola con la masa y aplánela hasta formar un disco. Envolver en plástico y refrigerar 3 horas.

b) Precalienta el horno a 375'F. Extienda la masa sobre una superficie enharinada hasta obtener un círculo de 12 pulgadas de diámetro. Transfiera a un molde para tartas de 9 pulgadas de diámetro con fondo removible. Recorte la corteza, dejando un saliente de ¼ de pulgada. Reserva los restos de hojaldre.

c) Dobla los bordes para formar lados de doble grosor. Congelar 15 minutos. Cubra la masa con papel de aluminio. Rellénelo con frijoles secos o pesas para pastel. Hornea 15 minutos. Retire el papel de aluminio y los frijoles. Repare las grietas con los restos de masa reservados. Hornee hasta que esté dorado, unos 20 minutos. Dejar enfriar por completo.

d) PARA EL RELLENO: Batir las yemas, el azúcar y la maicena en un tazón hasta que se combinen. Vierta la leche en una cacerola pequeña y pesada. Quite las semillas de la vaina de vainilla; agregue frijol. Llevar la mezcla a ebullición.

e) Batir la mezcla de leche con la mezcla de huevo. Regrese la mezcla a la misma cacerola y déjela hervir, batiendo constantemente. Colar en un tazón grande. Agregue 3 onzas. chocolate blanco picado y mantequilla; revuelva hasta que se derrita. Cubra y enfríe al menos 3 horas. Batir la crema en un tazón mediano hasta obtener picos rígidos. Incorporar a la crema pastelera de chocolate blanco. Corta los plátanos en rodajas de ¼ de pulgada de grosor.

f) Transfiera a un tazón mediano; agregue el licor y el jugo de limón y revuelva. Incorpora los plátanos a la crema pastelera. Vierta el relleno en la base de la tarta, formando un montículo en el centro. Cubra con virutas de chocolate. Enfriar al menos 1 hora y hasta 6 horas.

66. Malvada tarta de chocolate negro

Rinde: 1 porciones

Ingrediente
- 250 gramos de mantequilla sin sal
- 125 gramos de azúcar de vainilla
- 250 gramos harina común
- 125 gramos sémola
- 180 gramos de chocolate amargo oscuro
- 5 cucharadas de coñac
- 4 huevos
- 3 cucharadas de harina de maíz
- 400 gramos de azúcar en polvo
- 600 mililitros de nata líquida
- 1 vaina de vainilla
- 125 gramos de mantequilla sin sal

Direcciones
a) Precalentar el horno a 180C/gas 4. Preparar la tarta. Batir la mantequilla y el azúcar de vainilla en un bol hasta que esté suave y esponjoso.
b) Mezclar la harina y la sémola. Agregue gradualmente a la mantequilla hasta que se forme una masa que se desmorone. Amasar con cuidado y suavidad la masa hasta que se una y la superficie quede lisa. Extiéndalo finamente para forrar 6 moldes para tarta de 4 pulgadas con fondo suelto. Bases de pinchazos. Enfriar bien durante una hora. Cubra con papel de aluminio y frijoles para hornear.
c) Hornee las cajas de masa a ciegas durante aproximadamente 20 minutos en el horno precalentado hasta que estén bien cocidas. Retire los frijoles y el papel de aluminio y continúe secándolos en el horno si es necesario. Preparar el relleno de chocolate. Rompe el chocolate en cuadritos. Colóquelo en un

recipiente sobre una cacerola con agua o a baño maría. Agrega coñac al chocolate.

d) Calentar suavemente hasta que el chocolate se derrita. Batir los huevos en un bol. Incorpora la harina de maíz y el azúcar y agrega un poco de nata, si es necesario.
e) Calentar el resto de la nata en una cacerola con la vaina de vainilla hasta que casi hierva.
f) Agrega la crema caliente a la mezcla de huevo licuada.
g) Enjuague el recipiente para la crema en agua fría. Regresar la mezcla a pay y agregar el chocolate derretido. Cocine suavemente, revolviendo constantemente, hasta que la mezcla espese y la harina de maíz esté cocida. Pruebe la mezcla para comprobar que no tenga harina. Esto tardará entre 6 y 8 minutos. Retire la vaina de vainilla.
h) Deje enfriar un poco el relleno. Ablanda la mantequilla y deja enfriar. Batir la mantequilla blanda con el relleno de chocolate. Verter sobre tartas frías y dejar reposar.
i) Cuando esté frío hacer hojas de chocolate con un poco de chocolate derretido y utilizarlas para decorar las tartas.

67. tartas de mariscos de alaska

Rinde: 6 porciones

Ingrediente
- 418 gramos de salmón rosado de Alaska enlatado
- 350 gramos Paquete de masa filo
- 3 cucharadas de aceite de nuez
- 15 gramos de margarina
- 25 gramos de harina común
- 2 cucharadas de yogur griego
- 175 gramos Palitos de marisco; picado (con sabor a cangrejo)
- 25 gramos Nueces picadas
- 100 gramos de parmesano rallado O queso cheddar rallado

Direcciones

a) Precaliente el horno a 80 C, 350 F, marca de gas 4. Engrase ligeramente 8 moldes para pastel individuales o tazones de pudín aptos para horno.
b) Escurre la lata de salmón y prepara el jugo hasta 200ml / 7fl.oz. con agua para el caldo de pescado. Desmenuzar el salmón. Dejar de lado.
c) Unte cada hoja individual de masa filo con aceite y dóblela en dieciséis cuadrados de 12,5 cm / 5 pulgadas. Coloque un cuadrado en cada molde para pastel dejando las esquinas puntiagudas sobresaliendo del borde.
d) Cepille con aceite y luego coloque un segundo cuadrado de masa sobre el primero, pero con las esquinas apuntando hacia arriba entre los originales para crear un efecto de nenúfar. Cepille bien las puntas con aceite y luego hornee durante 5 minutos para que cuaje pero no se dore. Sacar del horno.
e) Reduzca la temperatura del horno a 150 C, 300 F, marca de gas 2. Derrita la margarina y agregue la harina. Incorpora el caldo de pescado, batiendo bien para quitar los grumos. Agrega el yogur, los palitos de marisco, las nueces y el salmón desmenuzado a la salsa y divídelo en partes iguales entre las 8 masas de hojaldre.
f) Espolvoree el pan rallado por encima y luego regrese al horno para calentar durante 5 a 8 minutos o hasta que el queso y la masa se hayan dorado. Servir inmediatamente.

68. Tarta de cigalas y queso picante

Rinde: 6 porciones

Ingrediente
- 1 masa para tarta básica casera o preparada, fría
- 3 cucharadas de mantequilla
- $\frac{1}{4}$ de taza de pimiento rojo cortado en cubitos
- $\frac{1}{2}$ taza de cebollas picadas
- 3 cucharadas de harina
- 1 libra de colas de cangrejo
- 1 taza de queso Monterey jack de pimiento picante rallado
- 2 cucharadas de cebollas verdes picadas
- 1 sal; probar
- 1 pimienta de cayena; probar

Direcciones

a) Precalentar el horno a 350 grados. Sobre una superficie enharinada, extienda la masa hasta formar un círculo de 10 pulgadas. Transfiera a una bandeja para hornear grande ligeramente engrasada.

b) En una sartén derrita la mantequilla. Cuando empiece a formar espuma agregue los pimientos rojos y la cebolla y cocine por 2 minutos. Agregue la harina y cocine, revolviendo, durante 3 minutos. Agregue los cangrejos y cocine por 2 minutos más. Retire del fuego y agregue el queso y las cebollas verdes.

c) Sazone al gusto con sal y cayena. Montar la mezcla de cangrejos en el centro del círculo de masa, dejando un borde de masa de 2 a 3 pulgadas. Doble el exceso de masa sobre el relleno, colocándolo en capas, pero sin cubrir completamente el relleno. Trabaja alrededor del círculo y continúa doblando sobre el pliegue anterior, hasta formar una tarta rústica de forma libre.

d) Deslice la bandeja para hornear en el horno y hornee por 35 minutos.

69. Tarta de vieiras y queso azul

Rinde: 1 porciones

Ingrediente
- 6 vieiras grandes
- 8 cebollas rojas
- 185 gramos Queso azul; (6 onzas)
- 60 gramos de queso mascarpone; (2 onzas)
- 1 yema de huevo
- 110 gramos de hojas de espinaca; (4 onzas)
- Vinagre
- Azúcar
- Vino tinto
- Perejil

Direcciones
a) Para hacer este plato primero debes cocinar la cebolla.
b) Para ello cortarlas en rodajas finas y cocerlas en un poco de aceite de oliva. Cocínelos a fuego lento durante unos 30 minutos con el vinagre.
c) Estirar la masa y forrar un molde engrasado con la masa fina antes de hacer el relleno. Hacer el relleno mezclando el mascarpone y el queso azul junto con la yema de huevo y el condimento.
d) Hornee a ciegas la masa en un horno caliente. Retirar y rellenar con la mezcla y las vieiras laminadas. Llevar al horno y desmoldar. Servir con la mermelada de cebolla a un lado.

70. Tarta cremosa de salmón ahumado y eneldo

Rinde: 6 porciones

Ingrediente
- Filo de 5 hojas - descongelado
- 3 cucharadas de mantequilla sin sal - derretida
- 4 yemas de huevo grandes
- 1 cucharada de mostaza Dijon - MÁS 1 cucharadita
- 3 huevos grandes
- 1 taza Mitad y mitad
- 1 taza de crema para batir
- 6 onzas de salmón ahumado, picado
- 4 cebollas verdes - picadas
- $\frac{1}{4}$ de taza de eneldo fresco, picado O 1 cucharada de eneldo seco
- ramitas de eneldo

Direcciones
a) Unte con mantequilla generosamente un molde para pastel hondo de 9 $\frac{1}{2}$ pulgadas de diámetro. Coloque 1 hoja de masa filo en la superficie de trabajo (cubra las piezas restantes con una envoltura de plástico y luego con una toalla limpia y húmeda).
b) Unte la hoja de masa filo con mantequilla y dóblela por la mitad a lo largo. Unte la superficie doblada con mantequilla. Cortar por la mitad en forma transversal. Coloque 1 rectángulo de masa filo, con el lado untado con mantequilla hacia abajo, en un molde para pastel preparado, cubriendo el fondo y dejando que la masa sobresalga $\frac{1}{2}$ pulgada de 1 sección del borde.
c) Unte la parte superior del filo en un molde para pastel con mantequilla. Coloque el segundo rectángulo de masa filo en un molde para pastel, cubriendo el fondo y dejando que la masa sobresalga $\frac{1}{2}$ pulgada de otra sección del borde; untar

con mantequilla. Repita el proceso con las 4 hojas restantes de masa filo, asegurándose de que toda la superficie del borde quede cubierta para formar una corteza.

d) Doble el saliente hacia abajo para formar el borde de la corteza al ras con el borde del molde para pastel. Unte los bordes de la corteza con mantequilla. (Se puede preparar con 4 horas de anticipación. Cubra y refrigere). Precaliente el horno a 350F. Batir las yemas y la mostaza en un tazón mediano para mezclar.

e) Incorpora los huevos, la mitad y la mitad, la nata, el salmón, la cebolla y el eneldo picado. Sazone al gusto con sal y pimienta. Vierta sobre la base preparada. Hornee hasta que el centro esté listo, aproximadamente 50 minutos. Transfiera a la rejilla. Fresco. Adorne con ramitas de eneldo y sirva ligeramente tibio o a temperatura ambiente.

71. Tartas de salmón noruego

Rinde: 12 porciones

Ingrediente
- 10 cucharadas de mantequilla
- 2 tazas de harina
- Agua; frío
- 1 cucharada de mantequilla
- 1 cebolla grande; Cortado
- 1 taza de champiñones; rebanado
- ½ taza de crema agria
- 1 libra de filete de salmón
- 2 huevos; ligeramente batido
- 2 cucharaditas de eneldo; fresco, picado
- Sal
- Pimienta
- 1 clara de huevo; ligeramente golpeado
- 1 taza de crema agria
- 2 cucharaditas de cebollino; Cortado
- 1 cucharadita de eneldo; fresco, picado
- 1 pizca de ajo en polvo

Direcciones

a) PARA HACER HOSTELERÍA: Cortar la Mantequilla en harina con una batidora de repostería y agregar agua, poco a poco, hasta que se forme una masa firme. Enrolle y corte las cortezas superior e inferior para 12 tartas.

b) PARA HACER EL RELLENO: En una sartén, derrita la mantequilla, agregue la cebolla y dore. Agrega los champiñones y la crema agria; cocine a fuego lento durante cinco minutos y enfríe. Mientras tanto, escalfa o cocina el pescado al vapor hasta que se desmenuce fácilmente. Escurrir el pescado y desmenuzarlo en un bol. Mezclar huevos enteros y eneldo con pescado. Sazone con sal y pimienta al gusto. Licue las mezclas de pescado y champiñones y vierta en la base. Cubra con la segunda corteza y junte los bordes para sellar. Unte la clara de huevo sobre las cortezas y los bordes superiores. Pinche las costras para las salidas de vapor. Hornee durante 10 minutos a 450 grados F o hasta que la masa esté dorada.

c) PARA HACER LA ADORNO: Mezcle la crema agria y los condimentos. Agrega una cucharada a cada tarta antes de servir.

72. Pequeñas tartas de salmón ahumado

Rinde: 6 porciones

Ingrediente
- $1\frac{3}{4}$ taza de harina para todo uso
- $\frac{1}{4}$ de cucharadita de Sal Bodega John Culbertson.
- 8 cucharadas de mantequilla (=1 barra)
- $\frac{1}{4}$ taza de agua fría

Direcciones
a) Coloca la harina, la sal y la mantequilla en el bol de un procesador de alimentos.
b) Procese hasta que la masa parezca harina. (Se puede usar un cortador de masa en lugar del procesador de alimentos). Agregue agua y procese hasta que la masa forme una bola en la cuchilla.
c) Extienda la masa con un rodillo de $\frac{1}{4}$ de pulgada de espesor y córtela en rodajas de 2 pulgadas. Forre moldes para tartas en miniatura con las rondas de masa.
d) Relleno: 4 oz. salmón ahumado 5 oz. Queso gruyere, rallado fino 4 huevos de cada uno, batidos $1\frac{1}{2}$ tazas de leche $\frac{1}{2}$ taza de crema para batir $\frac{1}{4}$ cucharadita de sal $\frac{1}{4}$ cucharadita de pimienta
e) Seque las rodajas de salmón ahumado con una toalla de papel para eliminar el exceso de humedad y luego córtelas en rodajas de 1 pulgada.
f) Divida el salmón en rodajas entre las tartaletas y espolvoree el queso sobre cada una.
g) Mezclar los huevos, la leche y la nata con sal y pimienta y verter en cada base de tarta.
h) Hornee las tartas (coloque moldes para tartas individuales en una bandeja para hornear) en un horno precalentado a 400 grados F durante unos 15 minutos. Siga revisando durante el horneado, ya que las tartas son pequeñas y toman mucho menos tiempo que una tarta más grande.

73. Tartas festivas de camarones

Rinde: 48 porciones

Ingrediente
- 2 masas para tarta o tarta de doble masa.
- 1 taza de leche
- 1 paquete de queso crema, en cubos
- 4 huevos ligeramente batidos
- 1 lata de camarones baby, escurridos o frescos.
- 2 cucharadas de cebollino seco
- $\frac{1}{4}$ de taza de pimiento rojo finamente picado
- Sal y pimienta para probar
- Eneldo fresco para decorar

Direcciones

a) Prepare 48 tartas pequeñas de masa. Calienta la leche a fuego lento; agregue los cubitos de queso crema revolviendo hasta que se derrita suavemente.

b) Agrega poco a poco la mezcla de queso a los huevos; agregue los ingredientes restantes, excepto el eneldo. Vierta 1 cucharada de relleno en cada base de tarta.

c) Hornee a 350 F durante 20 a 25 minutos o hasta que esté listo. Adorne con los camarones reservados y el eneldo. Rinde 48 tartas pequeñas o 24 medianas.

d) Adorne antes de servir.

74. Tarta Bakewell

Ingredientes

- 1 gran base de tarta dulce no encogible, parcialmente horneada en un molde para tarta con fondo removible de 9 pulgadas
- 1 taza de almendras picadas en trozos grandes, blanqueadas si puedes encontrarlas
- 1 1/2 cucharadas de harina para todo uso
- 2/3 taza de azúcar
- 9 cucharadas (1 barra más 1 cucharada) de mantequilla sin sal, a temperatura ambiente
- 1 huevo grande
- 1 clara de huevo grande
- 1/2 cucharadita de extracto de almendras
- 1 1/2 cucharaditas de ralladura de naranja (no tradicional, pero simplemente deliciosa)
- 1/3 taza de mermelada de frambuesa
- Almendras fileteadas o en rodajas, para decorar (opcional)

Direcciones

a) Muele finamente las almendras y la harina en el procesador. Incorpora el azúcar, luego la mantequilla, el extracto y la ralladura de naranja. Mezclar hasta que esté suave. Incorpora el huevo y la clara de huevo. Transfiera el relleno a un tazón mediano. Cubra y enfríe al menos 3 horas.

b) Coloque la rejilla en el centro del horno y precaliente a 350°F. Unte la mermelada sobre la base de la tarta. Vierta el relleno de almendras por todas partes y luego extiéndalo con cuidado con una espátula acodada. Si usa almendras picadas o en rodajas como guarnición, espolvoréelas por encima ahora. Hornee la tarta hasta que esté dorada y al insertar un probador en el centro del relleno, éste salga limpio, aproximadamente 45 minutos. Enfríe la tarta en un molde sobre una rejilla.

c) Para servir, empuje el molde hacia abajo, liberando la tarta del molde. Corte la tarta en trozos y espolvoree con azúcar en polvo, si lo desea.

d) Adelante: el relleno de almendras se puede preparar con 2 días de anticipación. Manténgase frío. También se puede hacer tarta entera con medio día de antelación. Dejar reposar a temperatura ambiente.

75. Tarta de celosía de manzana y nueces

Rinde: 1 porciones

Ingrediente
- 1 paquete (15 onzas) de cortezas de pastel refrigeradas Pillsbury
- 3 tazas de manzanas peladas y en rodajas finas; (3 a 4 medianos) (hasta 3-1/2)
- ½ taza de azúcar
- 3 cucharadas de pasas doradas
- 3 cucharadas de nueces o pecanas picadas
- ½ cucharadita de canela
- ¼ de cucharadita de cáscara de limón rallada; (hasta 1/2)
- 2 cucharaditas de jugo de limón
- 1 yema de huevo; vencido
- 1 cucharadita de agua
- ¼ taza de azúcar en polvo
- 1 cucharadita de jugo de limón; (hasta 2)

Direcciones

a) Prepare la masa para pastel según las instrucciones del paquete para pastel de dos masas usando un molde para tarta de 10 pulgadas con fondo removible o un molde para pastel de 9 pulgadas.

b) Coloque 1 base preparada en el molde; presione hacia abajo y hacia arriba por los lados del molde. Recorta los bordes si es necesario.

c) Caliente el horno a 400 F. Coloque la bandeja para hornear galletas en el horno para precalentar. En un tazón grande, combine las manzanas, el azúcar, las pasas, las nueces, la canela, la cáscara de limón y 2 cucharaditas de jugo de limón; revuelva ligeramente para cubrir. Vierta en un molde forrado con corteza.

d) Para hacer la parte superior enrejada, corte la segunda corteza en tiras de ½ pulgada de ancho. Coloque las tiras en forma de celosía sobre el relleno. Recortar y sellar los bordes. En un tazón pequeño, combine la yema de huevo y el agua; cepille suavemente sobre el enrejado.

e) Coloque la tarta en una bandeja para hornear galletas precalentada. Hornee a 400 F. durante 40 a 60 minutos o hasta que las manzanas estén tiernas y la corteza dorada. Cubra el borde de la base con tiras de papel de aluminio después de 15 a 20 minutos de horneado para evitar que se dore excesivamente. Enfriar 1 hora.

f) En un tazón pequeño, combine los ingredientes del glaseado y agregue suficiente jugo de limón para obtener la consistencia deseada. Rocíe sobre la tarta ligeramente tibia. Fresco; retire los lados del molde.

76. Tarta de albaricoque y nueces de macadamia

Rinde: 12 porciones

Ingrediente
- 1½ taza de harina
- ⅔ taza de mantequilla; suavizado
- ¼ de taza de azúcar moreno; lleno
- 2 cucharadas de cacao
- 1 huevo
- 8 onzas de albaricoques secos
- 3½ onzas de nueces de macadamia; picado en trozos grandes
- ⅓ taza de azúcar
- ¼ taza de Mantequilla; Derretido
- ½ taza de jarabe de maíz ligero
- ¼ cucharadita de sal
- 2 huevos -Albaricoques bañados en chocolate-----
- ¼ taza de chispas de chocolate semidulce
- 1 cucharadita de manteca
- 12 orejones

Direcciones

a) Calienta el horno a 400¼. Mezclar todos los ingredientes de la masa hasta que se forme una masa.

b) Presione firme y uniformemente contra el fondo y los lados de un molde para tarta sin engrasar de 11 pulgadas con fondo removible. Hornee de 10 a 12 minutos o hasta que cuaje.

c) Después de hornear la masa, caliente el horno a 375 ¼. Reserve 12 albaricoques para los albaricoques bañados en chocolate; pique en trozos grandes los albaricoques restantes. Espolvoree nueces y albaricoques picados uniformemente sobre la masa horneada. Batir el azúcar, la mantequilla, el jarabe de maíz, la sal y los huevos hasta que

quede suave. Vierta sobre nueces y albaricoques. Hornee de 25 a 30 minutos o hasta que cuaje.
d) Forre el plato con papel encerado. Coloque las papas fritas y la manteca en un tazón pequeño apto para microondas. Cocine en el microondas sin tapar a temperatura media de 2 a 3 minutos o hasta que la mezcla se pueda revolver suavemente.
e) Sumerge la mitad de cada albaricoque en la mezcla de chocolate; colocar en el plato. Dejar reposar hasta que el chocolate esté seco. Colocar sobre la tarta.

77. Tarta de nueces y crema de moras

Rinde: 1 porciones

Ingrediente
- ⅓ taza de harina para todo uso
- ½ cucharadita de sal
- 1 paquete de 8 onzas de queso crema, ablandado
- ¼ taza de leche condensada azucarada
- 2 cucharadas de azúcar en polvo tamizada
- 1 paquete de 16 onzas de moras congeladas, descongeladas y escurridas
- ½ taza de azúcar granulada
- 3 cucharadas de maicena
- ½ taza de nueces finamente molidas
- 1½ taza de azúcar en polvo tamizada
- 2 cucharadas de manteca vegetal con sabor a mantequilla
- ½ cucharadita de vainilla
- ½ taza de manteca vegetal con sabor a mantequilla
- 3 cucharadas de agua helada
- 1 cucharada de jugo de limón fresco
- ¼ taza de chispas de chocolate blanco
- ¼ taza de nueces
- 2 cucharadas de jarabe de mora
- 1 cucharadita de mantequilla o margarina
- ½ cucharadita de jugo de limón fresco
- ⅛ cucharadita de sal
- ½ cucharadita de saborizante de mantequilla
- 4 cucharadas de crema para batir

Direcciones

a) Para hacer la base: Precaliente el horno a 425 grados. Combine la harina y la sal en un tazón mediano. Corte la manteca con una batidora de repostería o 2 cuchillos hasta que toda la harina se mezcle para formar trozos del tamaño de un guisante.

b) Espolvorea con agua, 1 cucharada a la vez. Mezcle ligeramente con un tenedor hasta que la masa forme una bola. Presione entre las manos para formar un "panqueque" de 5 a 6 pulgadas.
c) Enharine ligeramente la superficie de rodadura y el rodillo. Enrolle la masa formando un círculo. Recorte 1 pulgada más grande que el molde para tarta invertido de 9 pulgadas con tamaños removibles. Afloje la masa con cuidado. Doblar en cuartos. Enharine ligeramente el molde para tarta.
d) Despliegue la masa y presione en el molde para tarta. Recorte el borde a la altura de la parte superior del borde. Pinche bien el fondo y los lados con un tenedor 50 veces para evitar que se encoja.
e) Cubra el borde con doble capa de papel de aluminio para evitar que se dore demasiado.
f) Hornee de 10 a 15 minutos o hasta que esté ligeramente dorado. Dejar enfriar a temperatura ambiente.
g) Para hacer el relleno de queso crema: combine el queso crema, la leche condensada, el azúcar en polvo y el jugo de limón en un tazón pequeño. Batir a velocidad baja con batidora eléctrica hasta que esté cremoso. Coloque las chispas de chocolate blanco y las nueces en el tazón del procesador de alimentos. Procese hasta que esté finamente picado. Incorpora la mezcla de queso. Unte en el fondo de la base de tarta horneada enfriada.
h) Para hacer relleno de frutas: combine las moras, el azúcar, la maicena y el almíbar de moras en una cacerola mediana. Cocine y revuelva a fuego medio hasta que la mezcla esté espesa y clara. Alejar del calor. Agregue la mantequilla, el jugo de limón y la sal. Transfiera al tazón. Dejar enfriar a temperatura ambiente. Vierta sobre el relleno de queso.
i) Para hacer la cobertura: espolvoree nueces sobre el relleno de fruta formando un entramado.

j) Para decorar: combine el azúcar en polvo, la manteca vegetal, la vainilla, el aroma de mantequilla y 3 cucharadas de crema en un tazón mediano. Batir hasta que quede suave y agregar más crema, si es necesario, para obtener la consistencia deseada. Vierta en una bolsa decorativa equipada con la punta deseada. Forme un borde decorativo alrededor del borde de la tarta.
k) Refrigere de 1 a 2 horas. Retire el borde. Cortar en porciones. Refrigere las sobras.

78. Tarta de zanahoria y nueces

Rinde: 8 porciones

Ingrediente
- 1 base de pastel; parcialmente horneado
- 3 huevos
- ⅓ taza de azúcar
- 1 cucharadita de jugo de limón y ralladura de limón
- 2 tazas de zanahoria finamente rallada
- 4 cucharadas de mantequilla derretida
- ½ cucharadita de polvo para hornear
- ⅔ taza de harina
- ½ taza de almendras
- ¼ taza de glaseado de albaricoque

Direcciones
a) Mezcla los huevos, el azúcar, el jugo y la ralladura de limón; agregue las zanahorias y la mantequilla, revuelva bien.
b) En un recipiente aparte, mezcle las nueces, la harina y el polvo para hornear. Licue dos mezclas; vierta en un pastel parcialmente horneado o en una base de tarta. Hornee a 400 grados durante aproximadamente 20 minutos.
c) Para el glaseado, derrita las conservas de albaricoque, agregue 2 cucharadas de brandy y cubra la parte superior de la tarta cuando la tarta salga del horno.

79. Tarta de caramelo y nueces

Rinde: 1 porciones

Ingrediente

- 1 taza de azúcar
- ⅔ taza de crema espesa
- ¼ de taza (1/2 barra) de mantequilla sin sal; cortar en pequeñas piezas
- 3 cucharadas de miel
- ½ cucharadita de sal
- 2½ taza de mitades de nueces; (alrededor de 10 onzas)
- 1 ración para masa de Paté Sucree
- 2 onzas de chocolate agridulce; Cortado
- 2½ taza de harina para todo uso
- 3 cucharadas de azúcar
- 2 barras de mantequilla fría sin sal; cortar
- 2 yemas de huevo grandes
- 4 cucharadas de agua helada

Direcciones

a) En una cacerola pesada, hierva $\frac{1}{4}$ de taza de agua y el azúcar, revolviendo hasta que el azúcar se disuelva. Hervir el almíbar en una cacerola tapada, sin revolver; Puedes agitar la sartén o lavar los lados de la olla con una brocha de repostería mojada en agua para quitar los cristales de azúcar que se hayan adherido, hasta que comience a dorarse.

b) Agregue con cuidado la crema (la mezcla burbujeará) y vuelva a calentar la sartén. Agregue la mantequilla, la miel y la sal, revolviendo hasta que la mantequilla se derrita y la mezcla esté suave. Agregue las nueces y cocine a fuego lento, sin tapar, a fuego medio, revolviendo ocasionalmente, aproximadamente 5 minutos. Retirar del fuego y dejar enfriar.

c) Mientras tanto, enrolle la mitad del paté sucree entre 2 hojas de plástico para formar un círculo de 11 pulgadas. Coloque la masa en un molde para tarta estriado de 9 pulgadas con fondo removible. Para recortar la masa de manera uniforme, pase el rodillo sobre el molde para tarta. Enfríe durante 20 a 30 minutos.

d) Caliente el horno a 400. Llene la base de la tarta con la mezcla de nueces enfriada, esparciendo uniformemente con una espátula de goma. Extienda la masa restante entre 2 hojas de plástico para formar un círculo de 11 pulgadas. Transfiera a la base de tarta. Presione el borde superior de la corteza contra la base inferior para sellar. Pase el rodillo sobre el molde para tarta para recortar el borde. Congelar durante 20 minutos.

e) Hornee en una bandeja para hornear forrada con papel pergamino hasta que la masa esté dorada, aproximadamente de 25 a 30 minutos. Dejar enfriar sobre una rejilla.

f) En un baño maría sobre agua apenas hirviendo, derrita el chocolate, revolviendo hasta que quede suave. Enfriar el chocolate y transferirlo a una manga pastelera provista de una punta lisa muy pequeña.
g) Distribuya el chocolate en forma circular sobre toda la superficie de la tarta. Deje que el chocolate se asiente a temperatura ambiente, aproximadamente de 1 a 2 horas.

Paté Sucree

h) Coloca la harina y el azúcar en el procesador de alimentos; pulsa para combinar. Agrega la mantequilla; presione hasta que la mezcla parezca una harina gruesa, de 10 a 20 segundos.
i) Batir ligeramente las yemas de huevo; agregue agua helada. Agréguelo al procesador de alimentos mientras la máquina está en funcionamiento; Procese hasta que la masa se mantenga unida.
j) Divida la masa en dos tandas; colóquelo en dos trozos separados de envoltura de plástico. Aplana cada uno en un círculo y envuélvelo en una envoltura de plástico; refrigere por al menos 1 hora.

80. Tartas de frutos secos

Rinde: 6 porciones

Ingrediente
- 1½ taza de crema para batir
- 1½ taza de pasas infladas
- 1 taza de nueces picadas
- ½ taza de azúcar
- 2 plátanos, en rodajas
- 6 cerezas al marrasquino, picadas
- Sal de pocos granos

Direcciones
a) Batir la nata hasta que esté firme. Incorporar el azúcar y la sal. Dividir en 2 porciones.
b) Combine los plátanos y las pasas con la mitad de la crema. Apile ligeramente en moldes de hojaldre individuales horneados. Cubrir con la crema restante. Adorne con cerezas y nueces. 20 porciones.

81. Tarta de naranja y nuez de Brasil

Rinde: 4 porciones

Ingrediente
- 3 huevos, separados
- ¾ taza de azúcar granulada
- Ralladura de 1 naranja
- 1 cucharadita de extracto de vainilla
- 2 tazas de nueces de Brasil finamente molidas
- 1½ cucharada de harina para todo uso
- ¼ cucharadita de sal
- Guarnación:
- 2 pomelos
- 2 naranjas
- 4 claras de huevo grandes
- 1¼ taza de azúcar granulada

Direcciones

a) Precalienta el horno a 350 grados. Forre un molde para pasteles redondo de 10 pulgadas con papel pergamino, mantequilla y harina.

b) En un bol, bata las yemas de huevo y el azúcar hasta que estén de color amarillo pálido. Agrega la ralladura de naranja y la vainilla, bate hasta que esté suave y esponjosa y reserva.

c) En un tazón pequeño, combine 1 taza de nueces de Brasil con la harina y reserve. Reserva las nueces restantes para la guarnición.

d) En otro bol batir las claras hasta que estén espumosas. Espolvorea sal y continúa batiendo hasta que se formen picos suaves. Incorpora alternativamente la mezcla de nueces y harina y la mezcla de yemas batidas, hasta que se combinen. Verter en el molde preparado.

e) Hornee de 25 a 30 minutos o hasta que esté ligeramente dorado. Colóquelo sobre una rejilla para que se enfríe, aproximadamente 10 minutos. Pasa un cuchillo por el borde para aflojarlo e invertirlo en un plato. Retirar el pergamino y dejar enfriar por completo.

f) Mientras tanto, precalienta el horno a 300 grados. Coloque el pastel en una bandeja para hornear forrada con papel pergamino.

g) Trabajando sobre un bol para recoger los jugos, pelar los pomelos y las naranjas y cortar entre las membranas para quitar los gajos. Retire las semillas. Coloca las secciones sobre el pastel. Pasar el jugo por un colador y rociar sobre el bizcocho.

h) En un tazón, bata las claras hasta que estén espumosas. Agregue gradualmente el azúcar, batiendo hasta que se formen picos rígidos, aproximadamente 10 minutos. Incorpora suavemente la 1 taza reservada de nueces de Brasil molidas.

i) Extiende el merengue uniformemente sobre el bizcocho y hornea $\frac{1}{2}$ hora. Dejar enfriar sobre una rejilla y servir.

82. Tarta de queso alsaciano

Rinde: 10 porciones

Ingrediente
- 4 tazas de harina para pastel
- $\frac{5}{8}$ taza de azúcar
- $2\frac{1}{2}$ barras de mantequilla dulce
- 1 huevo entero
- 16 onzas de queso blanco O queso granjero O queso ricotta
- $\frac{3}{4}$ taza de crema espesa
- 4 huevos grandes, separados
- un chorrito de jugo de limón fresco
- una pizca de semillas de vainilla frescas O
- 2 gotas a 3 gotas de extracto de vainilla
- 2 cucharadas de kirsch
- $\frac{3}{4}$ taza a 1 taza de azúcar
- $\frac{1}{2}$ cucharadita de canela molida
- 1 cucharadita de extracto de vainilla
- Ralladura de 1/2 limón

Direcciones
a) MASA: Mezclar bien todos los ingredientes, sin trabajar demasiado la masa. Deje reposar la masa 30 minutos antes de usarla.
b) Precalienta el horno a 375F. Extienda la masa sobre una superficie enharinada y cubra el fondo y los lados de un molde para tarta o pastel de 9 a 10 pulgadas con la masa.
c) Batir el queso blanco y la nata en un bol; agregue las yemas de huevo, el azúcar, la canela, la vainilla, el kirsch y la ralladura de limón. Mezclar bien hasta que quede muy suave. Batir las claras de huevo hasta que estén firmes e incorporarlas suavemente a la masa. Vierta la masa en el molde forrado con masa.
d) Hornee durante 40 a 45 minutos, o hasta que esté ligeramente inflado y muy dorado. Deje enfriar la tarta por completo, luego enfríe durante varias horas antes de cortarla.

83. Tartas de queso y amaretto

Rinde: 24 porciones

Ingrediente
- ⅓ taza de semillas de girasol o almendras molidas finas
- 8 onzas de queso crema
- 1 huevo
- ⅓ taza de coco rallado sin azúcar
- 2 cucharadas de miel
- 2 cucharadas de licor de amaretto

Direcciones
a) Forre los moldes de dos moldes para muffins con papel para hornear (una docena cada uno). Combine las semillas de girasol y el coco. Coloque 1 cucharadita de esta mezcla en cada revestimiento. Presione hacia abajo con el dorso de una cuchara para cubrir la base.
b) Precalienta el horno a 325F.
c) Para hacer el relleno, corte el queso crema en 8 bloques y mezcle con el huevo, la miel y el Amaretto en un procesador de alimentos, licuadora o tazón hasta que quede suave y cremoso.
d) Coloca una cucharada del relleno en cada vasito de tartaleta y hornea por 15 minutos.

84. tarta de queso belga

Rinde: 8 porciones

Ingrediente
- Mantecada
- ½ libra de queso crema
- 3 cucharadas de azúcar glas
- 1 cucharadita de jugo de limón
- 2 huevos; Grande
- ⅔ taza de crema espesa

Direcciones
a) Precalienta el horno a 350 grados F. En un tazón grande, bate el queso, el azúcar y el jugo de limón hasta que la mezcla esté suave y esponjosa. Agrega los huevos, uno a la vez batiendo bien después de cada adición. Batir hasta que esté muy suave después de la última adición.

b) Agregue la crema y vierta la mezcla en la base preparada. Cepille la parte superior de la tarta con un huevo y 1 cucharada de azúcar glas batida.

c) Hornee por 25 minutos o hasta que cuaje. Deje enfriar a temperatura ambiente y luego enfríe antes de servir.

85. Tarta de pimientos y queso

Rinde: 6 porciones

Ingrediente
- 1½ taza de harina para todo uso
- 1 cucharadita de azúcar
- ¼ cucharadita de sal
- ½ taza (1 barra) de mantequilla fría sin sal, cortada en trozos
- 4 cucharadas (aproximadamente) de agua helada
- 10 espárragos, recortados y cortados en trozos de 1 pulgada
- 3 cucharadas de aceite de oliva
- 2 pimientos rojos, cortados en tiras del tamaño de una cerilla
- 2 pimientos verdes, cortados en tiras del tamaño de una cerilla
- 2 puerros pequeños, cortados en tiras del tamaño de una cerilla
- 1 taza de queso gruyere rallado (aproximadamente 4 oz)
- 1 taza de queso mozzarella rallado (aproximadamente 4 oz)

Direcciones
a) PARA LA CORTE: Licue 1½ taza de harina, 1 t de azúcar y ¼ t de sal en un procesador de alimentos. Agregue la mantequilla y corte usando turnos de encendido/apagado hasta que la mezcla parezca una harina gruesa. Mezcle suficiente agua por cucharada hasta que la masa comience a formar grumos. Forme una bola con la masa; aplanar en disco. Envolver en plástico y refrigerar 1 hora.

b) Precalienta el horno a 350'F. Engrase un molde para tartas de 9 pulgadas de diámetro con fondo removible. Extienda la masa sobre una superficie de trabajo ligeramente enharinada hasta obtener una ronda de ⅛ de pulgada de

grosor. Transfiera la masa al molde para tarta preparado. Recortar los bordes.
c) Congelar 15 minutos. Cubra la base con papel de aluminio. Rellénelo con frijoles secos. Hornea 15 minutos. Retire el papel de aluminio y los frijoles.
d) Hornee hasta que los bordes estén ligeramente dorados, aproximadamente 15 minutos.
e) PARA LLENAR: Ponga a hervir agua en una olla grande. Añade los espárragos y blanquea 2 minutos. Drenar. Transfiera a un recipiente con agua helada y enfríe.
f) Drenar. Caliente el aceite en una sartén grande y pesada a fuego alto. Agregue los pimientos morrones y los puerros y saltee hasta que estén tiernos, aproximadamente 10 minutos.
g) Transfiera al tazón. Incorpora los espárragos. (Se puede preparar con 4 horas de anticipación.
h) Cubra y deje reposar a temperatura ambiente). Precaliente el horno a 350'F. Mezcle el gruyere con las verduras. Transfiera la mezcla a la base. Espolvorea con queso mozzarella. Hornee la tarta hasta que el queso se derrita, aproximadamente 10 minutos. Servir caliente.

86. Tarta de queso para el desayuno

Rinde: 1 porciones

Ingrediente
- Masa para pastel de 9 pulgadas; Utilice masa de pastel básica
- 8 onzas de queso suizo o Jarlsberg; cortar en trozos
- 1 libra de queso ricota
- 3 huevos
- 1 cebolla mediana; picado fino
- 2 dientes de ajo; presionado
- $\frac{1}{2}$ cucharadita de pimienta blanca
- 2 tomates maduros de tamaño mediano; pelado y en rodajas finas
- 1 cucharadita de aceite de oliva virgen extra
- 1 cucharada de cebollino fresco cortado
- 1 cucharada de perejil picado
- 1 cucharadita de tomillo fresco picado; (opcional)
- 1 cucharadita de albahaca fresca picada; (opcional)

Direcciones

a) Precalienta el horno a 450 grados. Utilice un molde para tarta de 9 x 1 pulgada con fondo removible. Rocíe bien con aceite en aerosol o engrase generosamente.

b) Presione la masa para que quepa en el molde. Recorte suavemente aproximadamente 1 pulgada más allá del borde del molde, luego doble hacia atrás sobre el borde y engarce para obtener un borde estriado atractivo y resistente. Cubra el molde con papel de aluminio que haya rociado con aceite en aerosol en ambos lados, luego coloque un molde para pastel de vidrio de 8 o 9 pulgadas dentro del papel de aluminio.

c) Voltee el conjunto sobre una bandeja para hornear galletas y hornee por 9 minutos. Retire el molde del horno, déle la vuelta y retire el molde para pastel y el papel de aluminio.

d) Regrese al horno y hornee 5 minutos más. Retirar del horno y reservar. Baje la temperatura del horno a 350 grados. En una licuadora o en un tazón de procesador de alimentos, combine el Jarlsberg, la ricota, los huevos, la cebolla, el ajo y el pimiento.
e) Revuelva hasta que quede suave y bien mezclado. Vierta uniformemente sobre la base horneada. Coloque el molde sobre una bandeja para hornear galletas. Hornee durante 25 a 30 minutos hasta que el relleno esté parcialmente cuajado. Mientras tanto, escurra las rodajas de tomate sobre toallas de papel. Retire la tarta del horno.
f) Coloque las rodajas de tomate encima alrededor del borde. Regrese al horno y hornee de 30 a 35 minutos, hasta que al insertar un cuchillo en el centro, éste salga limpio. Unte los tomates con aceite de oliva y espolvoree con hierbas frescas. Dejar reposar 20 minutos. Retire los lados del molde para tarta presionando hacia arriba en el fondo removible.
g) Colóquelo en un plato redondo, decore con hierbas frescas y sirva.

87. Tarta cremosa de ajo y queso

Rinde: 8 porciones

Ingrediente
- 1 base de pastel refrigerada
- 1 cucharadita (colmada) de harina
- 2 paquetes (3oz) de queso crema, suavizado
- 1 paquete (6 1/2 oz) de ajo y especias
- Queso cremoso para untar
- 2 cucharadas de mantequilla
- 3 huevos
- $\frac{1}{4}$ cucharadita de tomillo
- $\frac{1}{4}$ cucharadita de pimiento rojo molido
- $\frac{1}{2}$ taza de leche o crema espesa

Direcciones
a) Precalienta el horno a 375F.
b) Forre el molde para pastel con la base; espolvorear ligeramente con harina.
c) Batir los quesos y la mantequilla hasta que quede suave. Agrega los huevos, el tomillo y el pimiento rojo; batir hasta que esté suave y cremoso. Incorpora la leche hasta que se mezcle. Vierta en la base del pastel.
d) Hornee, en el tercio inferior del horno, aproximadamente 30 minutos hasta que esté suave e hinchado y con un cuchillo esté limpio. Si se dora demasiado rápido, cúbralo con papel de aluminio durante los últimos 10 minutos de cocción.
e) Colóquelo sobre una rejilla y enfríe a temperatura ambiente.

88. Tarta de queso curry y chutney

Rinde: 24 porciones

Ingrediente
- 2 paquetes de queso crema (8 oz cada uno)
- 2 cucharaditas de curry en polvo
- 2 cucharadas de Jerez (opcional)
- 8 onzas de queso cheddar; triturado
- 4 cebolletas; en rodajas finas
- Tarro de chutney de 9 onzas

Direcciones

a) Coloque los paquetes de queso crema sin envolver en un vaso medidor de 2 cuartos.

b) Cocine en el microondas a temperatura media (50 por ciento) durante $2\frac{1}{2}$ minutos. Incorpora el curry en polvo y el jerez. Incorpora el queso cheddar y $\frac{3}{4}$ de cebolla; mezclar bien.

c) Vierta la mezcla en un plato para servir formando un círculo de 8 pulgadas. Use una espátula para darle forma a una tarta, construyendo los lados mientras marca la superficie superior para formar un "pozo".

d) Coloque el chutney en la licuadora y haga puré hasta obtener una mezcla uniforme. Vierta el área "bien" de la tarta de queso. Enfriar hasta que esté firme. Para servir, decore la parte superior con la cebolla restante.

89. tarta de queso francés

Rinde: 12 porciones

Ingrediente
- 2 tazas de harina para todo uso; sin tamizar
- ¼ cucharadita de sal
- ½ cucharadita de polvo para hornear
- ⅔ taza de mantequilla o margarina
- ⅓ taza de azúcar granulada
- 2 yemas de huevo
- 2 cucharadas de crema espesa
- ½ cucharadita de piel de limón rallada
- 4 cucharadas de mantequilla o margarina
- ⅔ taza de azúcar granulada
- 2 tazas de requesón seco
- 1 yema de huevo
- ¼ taza de crema espesa
- ⅓ taza de pasas doradas
- ½ cucharadita de ralladura de limón
- 1 clara de huevo; ligeramente golpeado
- Azúcar glas

Direcciones

a) En un tazón grande, tamice la harina, la sal y el polvo para hornear. Con una batidora de repostería, agregue la mantequilla hasta que la mezcla parezca migajas gruesas.

b) Agrega ⅓ taza de azúcar granulada, 2 yemas de huevo, 2 cucharadas de crema espesa y ½ cucharadita de cáscara de limón; Con un tenedor, mezcle hasta que la masa se una.

c) Coloca sobre una superficie ligeramente enharinada; amase hasta que quede suave, aproximadamente 2 minutos.

d) Forme una bola; envolver en papel encerado. Refrigere la masa durante 30 minutos. hacer queso

Relleno:

e) En un tazón pequeño con una batidora eléctrica a velocidad alta, bata la mantequilla, el azúcar granulada y el requesón hasta que estén bien combinados, aproximadamente 3 minutos.
f) Agrega las yemas de huevo y la crema; Golpea bien. Agregue las pasas y la cáscara de limón. Precaliente el horno a 350 F. Engrase ligeramente un molde para hornear de 13x9x2". Divida la masa por la mitad.
g) Sobre una superficie ligeramente enharinada, extienda la mitad de la masa hasta formar un rectángulo de 13x9". Colóquela en el fondo del molde preparado. Vierta en el relleno, extendiendo uniformemente. Divida la masa restante por la mitad. Corte la mitad en 5 trozos iguales. Sobre una tabla, enrolle cada pieza en una tira similar a un lápiz de 13" de largo.
h) Coloque estas tiras a lo largo, a $1\frac{1}{2}$ "de distancia sobre el relleno. Con la masa restante, haga suficientes tiras para que quepan en diagonal, a $1\frac{1}{2}$ pulgadas de distancia, a lo largo de las tiras. Unte las tiras de masa con clara de huevo.
i) Hornee por 40 minutos o hasta que estén dorados. Dejar reposar durante 5 minutos.
j) Luego espolvorea con azúcar glas y corta en cuadrados de 3 pulgadas. Servir caliente.

90. Tartas de queso y limón

Rinde: 1 porciones

Ingrediente
- ¼ taza de jugo de limón
- Cáscara rallada de 1 1/2 limones
- ½ taza más 1 cucharada de azúcar
- 2 huevos; vencido
- ¼ taza de Mantequilla o margarina -Cáscaras de Queso Crema---
- ½ taza de Mantequilla o margarina; suavizado
- 3 onzas de paquete de queso crema; suavizado
- 1 taza de harina para todo uso
- Crema batida (opcional)

Direcciones
a) Combine el jugo de limón, la cáscara y el azúcar a baño maría; agregue los huevos y la mantequilla.
b) Cocine sobre agua hirviendo, revolviendo constantemente, hasta que espese. (el relleno se espesará más cuando esté frío). Vierta el relleno en las conchas de queso crema; decore con crema batida, si lo desea. Rendimiento: alrededor de 2 docenas.
c) Cáscaras de queso crema: Combine la mantequilla y el queso crema, mezclando hasta que quede suave; agregue la harina, mezclando bien. Enfriar 1 hora.
d) Forme bolas de 1 pulgada con la masa; coloque cada uno en un molde para muffins en miniatura bien engrasado, dándoles forma de concha. Hornee a 350 grados durante 25 minutos. Deje enfriar antes de llenar.

91. Tarta de papaya y queso crema con nueces de macadamia

Rinde: 8 porciones

Ingrediente
- 2 tazas de harina
- 6 onzas de cubitos de mantequilla sin sal muy fría
- ¼ cucharadita de sal
- ½ cucharadita de azúcar
- ⅓ taza de agua fría
- 12 onzas de queso crema
- 4 onzas de crema batida espesa
- ½ taza de azúcar en polvo
- ½ cucharadita de extracto de vainilla
- 1 papaya muy madura, pelada y cortada en rodajas de 1/4"
- ½ taza de glaseado de durazno, derretido
- ½ taza de nueces de macadamia tostadas
- 8 onzas de chocolate amargo
- 8 onzas de chocolate semidulce
- 2½ taza de crema espesa
- 4 cucharadas de agua tibia

Direcciones

a) Prepare la base de la tarta. Tamice la harina, la sal y el azúcar. Cubrir los cubos de mantequilla con la mezcla de harina y agua y amasar hasta que estén maleables, pero no homogéneos.

b) Dejar pedacitos de mantequilla, de lo contrario la masa se vuelve demasiado elástica. Enrolle suavemente la masa hasta que tenga un grosor de ¼ de pulgada y colóquela sobre un molde para tarta. Recorta los bordes y pincha el fondo de la masa con un tenedor. Hornee en el horno a 350 grados F durante unos diez minutos o hasta que la tarta se dore ligeramente. Enfriar.

c) Prepare el relleno de queso crema. Batir la crema para batir hasta que forme picos suaves. En una batidora, bata el queso

crema hasta que quede esponjoso. Incorpora la crema batida, el azúcar en polvo y el extracto de vainilla.
d) Dejar de lado.
e) Rellene la base de la tarta con la mezcla de queso crema.
f) Coloque las rodajas de papaya en forma de molinete sobre la parte superior del queso crema. Coloque las nueces de macadamia en el centro de la tarta. Con una brocha de repostería, cubra la parte superior de la tarta con glaseado de melocotón. Refrigere por $\frac{1}{2}$ hora antes de servir.
g) Prepare la salsa de chocolate: caliente el chocolate amargo, el chocolate semidulce, la crema espesa y el agua tibia en una cacerola, revolviendo con frecuencia, hasta que la salsa tenga una consistencia suave.
h) Para servir: corte la tarta en 8 trozos. Rocíe la salsa de chocolate en un plato y coloque un trozo de tarta en cada plato.

92. Tarta de queso ricotta y espinacas

Rinde: 6 porciones

Ingrediente

- 400 gramos de harina normal fuerte Waitrose; (14oz)
- 1 pizca de sal
- 1 paquete de albahaca fresca y tomillo Waitrose; Cortado
- 3 cucharadas de aceite de oliva
- 3 huevos batidos
- Tarrina de 250 g de queso ricotta
- Paquete de 500 g de espinacas en hoja entera congeladas
- Nuez moscada recién rallada
- 2 huevos
- 50 gramos de piñones; tostado (1 3/4oz.)
- 1 limón; entusiasmo de
- 100 gramos de parmesano rallado; (3 1/2 onzas)
- Sal y pimienta negra recién molida
- Leche para glasear

Direcciones

a) Tamizar la harina en un bol y añadir la sal y las hierbas. Hacer un hueco en el centro. Agrega el aceite y luego agrega poco a poco los huevos. Mezclar hasta que quede suave, agregando un poco de agua si es necesario.
b) Amasar durante 10 minutos, luego envolver en film transparente y colocar en el frigorífico durante 30 minutos.
c) Combina todos los ingredientes del relleno.
d) Sobre una superficie enharinada, extienda dos tercios de la pasta y úsela para forrar un molde cuadrado de 23 cm (9 pulgadas).
e) Vierta el relleno en la pasta y alise para cubrir la base.
f) Extienda la pasta restante y cubra la parte superior.
g) Mojar y sellar los bordes con un poco de agua. Recortar el exceso de pasta y pincelar con un poco de leche, pinchar y colocar en el centro de un horno precalentado a 200°C, 400°F, marca de gas 6 durante 25-30 minutos hasta que se dore por encima.

93. Tarta de queso del suroeste

Rinde: 8 porciones

Ingrediente
- 1 cucharada de aceite
- ½ taza de pimiento rojo picado
- ½ taza de cebolla picada
- 1 cucharada de ajo picado
- 1 cucharada de chile jalapeño picado
- 4 huevos
- 2 tazas de crema espesa
- 2 tazas de queso jalapeño jack
- 1 taza de granos de elote tostados; más
- 1 grano de maíz tostado extra; para Decorar
- 1 taza de frijoles negros cocidos; enjuagado
- ½ cucharadita de comino molido
- ¼ cucharadita de chile en polvo
- 1 sal; probar
- 1 pimienta blanca recién molida; probar
- 1 base de tarta precocida de nueve pulgadas
- 1 ración de pico de gallo
- 1 cilantro picado; para Decorar

Direcciones
a) En una sartén caliente el aceite y cocine el pimiento, la cebolla y el ajo hasta que estén tiernos; dejar enfriar.
b) En un tazón grande, bata los huevos y la crema hasta que se combinen; agregue las verduras salteadas y los ingredientes restantes, sazone con especias, sal y pimienta. Vierta la mezcla de huevo en la base de la tarta y hornee durante 30 minutos o hasta que la crema esté firme al tacto.
c) Deje enfriar brevemente antes de cortar. Sirva con Pico De Gallo, espolvoreado con granos de maíz tostados y cilantro picado.

94. Tarta de setas exóticas

Rinde: 8 porciones

Ingrediente
- 2½ taza de harina; más
- 2 cucharadas de harina
- 2 cucharaditas de sal
- ½ cucharadita de Cayena
- 1 taza de manteca de cerdo
- 2 cucharadas de agua helada
- 2 cucharadas de mantequilla
- ½ taza de cebolla picada
- Sal; probar
- Pimienta negra recién molida; probar
- 4 tazas de champiñones exóticos rebanados
- 2 cucharaditas de ajo picado
- 2 tazas de crema espesa
- 3 huevos
- 1 chorrito de salsa de pimiento picante
- 1 chorrito de salsa inglesa
- 1 taza de queso cheddar blanco rallado
- 4 onzas de queso parmigiano-reggiano; afeitado
- 2 tazas de brotes de guisantes

Direcciones
a) Un chorrito de aceite de trufa blanca
b) En un tazón, combine 2½ tazas de harina, 2 cucharaditas de sal y ¼ de cucharadita de cayena. Corta la manteca con una batidora de repostería hasta que la mezcla parezca harina gruesa.
c) Agrega el agua helada y mezcla hasta que la masa se despegue de las paredes del bol. Forme una bola con la masa y cúbrala con film transparente. Colocar en el frigorífico y dejar enfriar durante 1 hora.

d) Precalienta el horno a 350 grados. Saca la masa del frigorífico y déjala reposar unos 5 minutos. Espolvoree ligeramente una superficie de trabajo con la harina restante. Extienda la masa hasta formar una ronda de 12 pulgadas con aproximadamente $\frac{1}{4}$ de pulgada de grosor.
e) Doble la masa en cuartos y colóquela en un molde para tarta de 10 pulgadas. Pasa un rodillo de madera sobre el molde para cortar el exceso de masa.
f) Pinche todo el fondo de la corteza con un tenedor. En una sartén mediana, a fuego medio, derrita la mantequilla. Agrega las cebollas. Condimentar con sal y pimienta. Saltee durante 1 minuto. Agrega los champiñones. Condimentar con sal y pimienta.
g) Continúe salteando durante 3 a 4 minutos o hasta que los champiñones se ablanden.
h) Agrega el ajo y retira del fuego. Dejar enfriar por completo. En un bol, bata la nata y los huevos. Sazone con $\frac{3}{4}$ de cucharadita de sal, pimienta, salsa picante y salsa inglesa.
i) Mezclar bien. Vierta la mezcla de champiñones en la base de hojaldre. Espolvorea el queso sobre los champiñones. Vierta la mezcla de crema sobre el queso.
j) Hornee hasta que el centro cuaje y la parte superior esté dorada, aproximadamente 55 minutos. Retirar del horno y dejar enfriar durante 5 minutos antes de cortarlo para servir. En un tazón, mezcle los brotes de guisantes con el aceite de trufa. Condimentar con sal y pimienta. Para servir, coloque una rebanada de tarta en el centro de cada plato.
k) Adorne cada uno con un montón de brotes de guisantes.

95. Tartas de champiñones hojaldradas

Rinde: 30 porciones

Ingrediente
- 1 libra de champiñones; fresco
- 1 cebolla mediana
- ½ taza de perejil; fresco
- ½ taza de vino blanco
- una pizca de salsa de pimiento picante
- 4 masa filo; descongelado
- 6 cucharadas de Mantequilla; Derretido
- 4 onzas de queso Monterey jack; cubicado

Direcciones

a) Precalienta el horno a 400.
b) Picar los champiñones, la cebolla y el perejil. En una sartén grande, combine los champiñones, la cebolla, el perejil, el vino y la salsa picante. Cubrir. Cocine de 5 a 7 minutos hasta que los champiñones estén tiernos, revolviendo ocasionalmente. Destape y cocine hasta que el líquido se haya evaporado. Fresco.
c) Unte ligeramente 1 hoja de masa filo con mantequilla derretida. Coloque otra hoja de masa encima de la primera hoja. Unte con mantequilla. Repita con la masa restante y la mantequilla. Corta la pila en cuadrados de 2 - ½ pulgada.
d) Presione suavemente cada pieza en un molde para mini muffins sin engrasar. Coloque aproximadamente 2 cucharaditas de la mezcla de champiñones en cada taza. Cubra cada uno con un cubito de queso.
e) Hornee durante 15 a 18 minutos o hasta que se doren ligeramente. Servir caliente.

96. Tarta de berenjenas y champiñones a la plancha

Rinde: 8 porciones

Ingrediente

- Spray para cocinar
- 1 berenjena grande; pelado y cortado en rodajas de 1/2"
- 6 patatas grandes; pelado y cortado en rodajas de 1/2"
- 6 champiñones Portabella grandes; sombreros y tallos separados, sombreros enteros, tallos cortados en rodajas
- Aceite de oliva para cepillar
- 1 cucharada de aceite de oliva; para pan rallado
- Sal y pimienta
- $\frac{1}{4}$ de taza de perejil; Cortado
- $\frac{1}{4}$ de taza de albahaca; juliana
- $\frac{3}{4}$ taza de queso parmesano fresco rallado; o pecorino romano
- 1 taza de pan rallado fresco
- 1 cucharada de aceite de oliva
- 1 cebolla pequeña; picado
- 1 tallo de apio; picado
- 4 tomates grandes; sin semillas y picado en trozos grandes
- $\frac{1}{2}$ taza de zanahorias ralladas
- 1 cucharadita de tomillo fresco; o 1/2 cucharadita de tomillo seco
- 1 cucharadita de jugo de limón fresco
- 2 cucharaditas de perejil fresco; Cortado

Direcciones

a) Hacer condimento: Caliente el aceite en una cacerola no reactiva de tamaño mediano. Agrega la cebolla y el apio y saltea a fuego medio durante 3 minutos.

b) Agrega los tomates, la zanahoria, el tomillo y sal y pimienta al gusto. Cocine a fuego lento la salsa hasta que la mayor parte del líquido se haya cocido. Retirar del fuego.

c) Justo antes de servir, recalentar la salsa. Retirar del fuego y agregar el jugo de limón y el perejil.
d) Rocíe bien la parrilla con aceite en aerosol. Precalienta la parrilla a fuego medio - alto. Unte bien las berenjenas, las patatas y los champiñones con aceite de oliva y sazone por ambos lados con sal y pimienta.
e) Rocíe bien un molde para pasteles o tartas de 9" con aceite en aerosol. Caliente el molde en el horno o encima de la parrilla, si es lo suficientemente grande. Manténgalo caliente.
f) Ase todas las verduras por ambos lados hasta que estén bien doradas y suaves. Corta las tapas de los champiñones en rodajas finas. Haga capas en el molde para pastel o tarta: berenjena, papa, champiñones, espolvoreando un poco de perejil, albahaca y queso rallado entre cada capa de vegetales. Manténgase caliente.
g) En una sartén pequeña, calienta las 3 cucharadas de aceite de oliva a fuego medio-alto hasta que esté caliente. Agregue el pan rallado y saltee hasta que esté dorado.
h) Cubra la tarta con pan rallado. Sirva inmediatamente con un pequeño charco de salsa de tomate debajo de cada trozo.

97. Tartas filo de champiñones

Rinde: 4 porciones

Ingrediente
- ¾ taza de crema agria láctea
- 1 paquete (3 onzas) de queso crema; suavizado
- ¼ taza de pan rallado seco
- 1 cucharada de eneldo seco
- ½ cucharadita de sal
- 1 cucharada de jugo de limón
- 1 tarro; (4.5 Oz) Hongos Gigantes Verdes en rodajas
- 1 diente de ajo; picado
- ½ taza de mantequilla o margarina
- 8 congelados; (18 x 14 pulgadas) hojas de masa filo
- 1 frasco (4.5 oz.) de champiñones enteros Green Giant;

Direcciones
a) Calienta el horno a 350 grados.
b) En un tazón pequeño, combine la crema agria, el queso crema, el pan rallado, el eneldo, la sal y el jugo de limón; mezclar bien. Agregue los champiñones en rodajas. Dejar de lado.
c) Para hacer mantequilla de ajo, en una sartén pequeña a fuego lento, cocine el ajo en mantequilla hasta que esté tierno, revolviendo constantemente. Cubra 16 moldes para muffins con mantequilla de ajo. Dejar de lado.
d) Unte una bandeja para hornear galletas grande con mantequilla de ajo. Desenrolle las hojas de masa filo; cúbralo con una envoltura de plástico o una toalla. Unte ligeramente una hoja de masa filo con mantequilla de ajo; colóquelo en una bandeja para hornear galletas untada con mantequilla.
e) Unte ligeramente la segunda hoja de masa filo con mantequilla de ajo; colóquelo encima de la primera hoja untada con mantequilla. Repita con las hojas restantes de

masa filo. Con un cuchillo afilado, corte todas las capas de hojas de masa filo para formar 16 rectángulos.
f) Presione ligeramente cada rectángulo en un molde para muffins untado con mantequilla y ajo. Vierta una cucharada colmada de la mezcla de crema agria en cada taza. Cubra cada uno con champiñones enteros, empujando el tallo hacia el relleno. Rocíe con la mantequilla de ajo restante.
g) Hornee a 350 grados durante 18-20 minutos o hasta que estén ligeramente dorados.

98. Tarta de champiñones ahumados

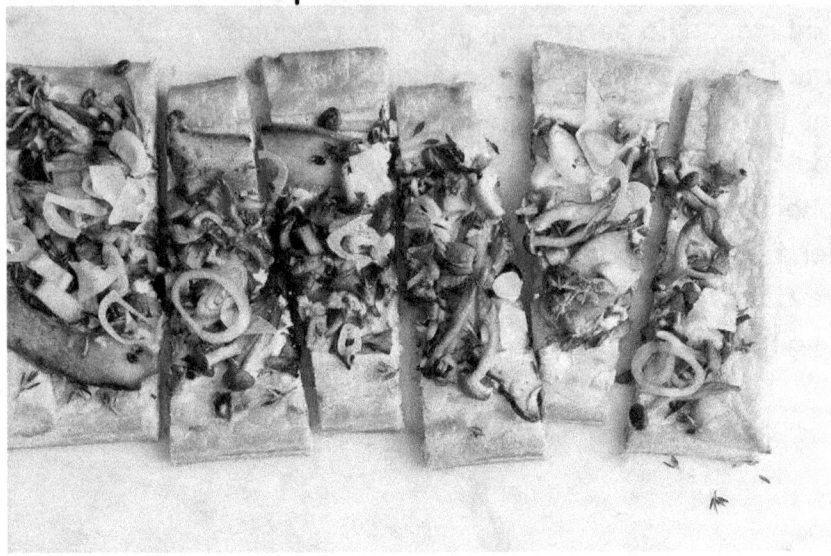

Rinde: 8 porciones

Ingrediente
- ⅓ masa de PASTELERÍA con MANTEQUILLA
- 1 clara de huevo, ligeramente batida
- 2 cucharadas de mantequilla
- 10 onzas de champiñones frescos (1 paquete), rebanados
- 7 onzas de hongos shitake (1 paquete), sin tallos
- Y champiñones en rodajas
- 1 cucharada de ajo fresco picado
- 2 cucharaditas de orégano seco, triturado
- ⅛ cucharadita de pimienta negra molida
- ½ libra de queso mozzarella ahumado, en rodajas finas
- 2 cucharadas de queso asiago o parmesano rallado
- ⅓ taza de trozos de nuez
- 1 cucharada de perejil de hoja plana (italiano) picado

Direcciones
a) Precaliente el horno a 400 F. Sobre una superficie ligeramente enharinada, enrolle la masa hasta formar una ronda de 14 pulgadas. Transfiera a un molde para tartas de 11 pulgadas con fondo removible.
b) Recortar los bordes; pinche el fondo con los dientes de un tenedor. Cubra la base de la masa con papel de aluminio y pesas de masa, frijoles secos o arroz crudo. Hornea 15 minutos.
c) Retire el papel de aluminio y las pesas. Hornee de 5 a 6 minutos más o hasta que la masa comience a dorarse. Unte con clara de huevo; hornee 1 minuto más.
d) Dejar enfriar completamente sobre una rejilla. En una sartén grande, derrita la mantequilla a fuego medio-bajo. Agrega los champiñones, el ajo, el orégano y la pimienta. Saltee hasta que los champiñones estén dorados y el líquido

se haya evaporado, aproximadamente 8 minutos; enfriar a temperatura ambiente.

e) Cubra el fondo de la tarta con mozzarella, cortando rodajas para llenar los espacios. Cubra con la mezcla de champiñones y luego espolvoree con asiago y nueces.

f) Hornea 20 minutos. Deje enfriar durante 5 minutos sobre una rejilla antes de quitar el aro exterior. Servir caliente.

99. Tarta triple de champiñones

Rinde: 10 porciones

Ingrediente

- 1 corteza de pastel refrigerada sin hornear
- 1 taza de champiñones shiitake frescos picados
- 1 taza de champiñones blancos o marrones frescos rebanados
- 1 taza de champiñones ostra frescos picados
- $\frac{1}{4}$ cucharadita de mejorana seca
- 2 cucharadas de mantequilla
- $\frac{3}{4}$ taza de queso gruyere rallado
- $\frac{3}{4}$ taza de queso suizo rallado
- $\frac{1}{2}$ taza de tocino canadiense picado
- 2 huevos ligeramente batidos
- $\frac{1}{2}$ taza de leche
- 1 cucharada de cebollino fresco cortado
- Tocino canadiense, cortado en tiras finas
- Cuñas, opcionales

Direcciones

a) Presione la masa en un molde para tarta de 9" con fondo removible. Corte la parte superior uniformemente. Cubra con una doble capa de papel de aluminio; hornee a 450F. 8 minutos. Retire el papel de aluminio y continúe horneando de 4 a 5 minutos hasta que cuaje y se seque.

b) Encienda el horno a 375F. Cocine los champiñones hasta que estén tiernos en mantequilla, de 4 a 5 minutos, hasta que el líquido se evapore. Alejar del calor.

c) Licue gruyere, quesos suizos y tocino canadiense. Agrega los champiñones, la leche, los huevos y el cebollino. Vierta sobre la base de tarta. Hornee unos 20 minutos hasta que cuaje y esté dorado.

d) Deje enfriar en el molde sobre una rejilla durante 10-1-5 minutos. Eliminar. Córtelo en gajos y decore con gajos de tocino canadiense.

100. Tarta de setas y queso de cabra

Rinde: 2 porciones

Ingrediente
- 375 gramos de hojaldre ya enrollado
- 1 huevo; vencido
- 50 gramos de mantequilla
- 250 gramos de champiñones mixtos
- 2 dientes de ajo grandes
- 1 manojo pequeño de perejil de hoja plana
- 1 cucharada de vinagre balsámico
- 150 gramos Crema de queso de cabra
- 2 cucharadas de aceite de oliva
- 100 gramos de tomates cherry
- 1 limón
- 1 manojo pequeño de albahaca
- 100 gramos de hojas tiernas de espinaca

Direcciones

a) Precalienta el horno a 220c/425f/Gas 7.

b) Coloque la masa sobre una superficie ligeramente enharinada, corte dos rectángulos de 12x15 cm/5"x6" y colóquelos en una bandeja para hornear antiadherente.

c) Pincelamos el huevo batido y, con la punta de un cuchillo afilado, marcamos un borde de 1 cm dentro de cada tarta.

d) Pincha todo el rectángulo central con un tenedor y hornéalo durante ocho minutos hasta que esté bien leudado y dorado.

e) Calienta una sartén grande con mantequilla. Corta los champiñones en trozos pequeños. Cortar finamente el ajo y añadirlo con los champiñones. Freír durante 3-4 minutos hasta que estén cocidos y dorados.

f) Pica el perejil en trozos grandes, añade la mitad con el vinagre balsámico y cocina por un minuto. Sazona con sal y pimienta y reserva. Coloca el queso de cabra en un tazón

pequeño, agrega el perejil restante y mezcla bien. Sazone con pimienta.
g) Retirar la masa del horno. Corta con cuidado el rectángulo interior de la masa y, utilizando una rodaja de pescado, aplana la pieza central de la masa.
h) Regrese la masa de hojaldre al horno por otros 4-5 minutos hasta que esté bien cocida y dorada.
i) Para la ensalada: Calienta el aceite de oliva en una sartén pequeña. Corta los tomates cherry por la mitad y agrégalos a la sartén con la ralladura de limón y un chorrito de jugo. Mezclar bien y sazonar con sal y pimienta.
j) Coloque las espinacas en un tazón mediano y vierta sobre el aderezo tibio.
k) Retire las tartas del horno, agregue el queso de cabra y cubra con los champiñones calientes. Transfiera a un plato y sirva con la ensalada.

101. Tarta de setas silvestres y queso pecorino

Rinde: 1 porciones

Ingrediente
- 3 cucharadas de aceite de oliva
- 2 puñados de champiñones silvestres mixtos
- 1 diente de ajo grande; picado muy fino
- ¼ Limón; entusiasmo de
- 2 cucharadas de perejil plano; picado en trozos grandes
- 2 Hojas de hojaldre
- El grosor de 2 cerillas
- 75 gramos Queso pecorino tierno; en rodajas finas

Direcciones
a) Precalienta el horno a 200C.
b) Calentar el aceite de oliva en una sartén, añadir los champiñones, sazonar y saltear enérgicamente hasta que estén cocidos.
c) Agrega el ajo, la ralladura de limón y el perejil. Sáquelo del fuego y apártelo.
d) Engrase una bandeja para hornear. Colocar encima dos láminas de masa. Coloca los champiñones en una capa en el medio de cada hoja. Transfiera al horno y cocine durante 20-25 minutos, o hasta que estén dorados.
e) Retirar del horno y cubrir con Pecorino y volver al horno durante 3-4 minutos. Retirar y servir inmediatamente.

CONCLUSIÓN

Disfrutar de algunas tartas compradas en la tienda es uno de los placeres simples de la vida, pero la idea de intentar hornear una tarta usted mismo puede parecer una tarea desalentadora, especialmente si solo ha intentado hacer galletas y brownies.
Si está pensando en hacer tartas pero no sabe por dónde empezar, este libro le explicará los tipos de tartas y las recetas que necesitará para empezar.

www.ingramcontent.com/pod-product-compliance
Lightning Source LLC
Chambersburg PA
CBHW070646120526
44590CB00013BA/850